北京市教育科学规划青年专项课题"家园共育促进北京市学前教育质量提升的路径与策略研究"（课题批准号：AACA21125）阶段性研究成果
北京市哲学社会科学CBD发展研究基地和首都经济贸易大学"市属高校分类发展——京津冀协同发展与城市群系统演化的政产学研用平台构建"项目资助成果

筑梦未来

学前教育对城乡儿童发展的影响及财政保障研究

茹玉 ◎ 著

首都经济贸易大学出版社
Capital University of Economics and Business Press

· 北 京 ·

图书在版编目（CIP）数据

筑梦未来：学前教育对城乡儿童发展的影响及财政保障研究 / 茹玉著. -- 北京：首都经济贸易大学出版社，2024.10. -- ISBN 978-7-5638-3780-9

Ⅰ.G61；G526.7

中国国家版本馆 CIP 数据核字第 2024VR6650 号

筑梦未来：学前教育对城乡儿童发展的影响及财政保障研究
ZHUMENG WEILAI：XUEQIAN JIAOYU DUI CHENGXIANG ERTONG FAZHAN DE YINGXIANG JI CAIZHENG BAOZHANG YANJIU
茹玉　著

责任编辑	潘　飞
封面设计	砚祥志远·激光照排　TEL：010-65976003
出版发行	首都经济贸易大学出版社
地　　址	北京市朝阳区红庙（邮编 100026）
电　　话	（010）65976483　65065761　65071505（传真）
网　　址	http://www.sjmcb.com
E-mail	publish@cueb.edu.cn
经　　销	全国新华书店
照　　排	北京砚祥志远激光照排技术有限公司
印　　刷	北京九州迅驰传媒文化有限公司
成品尺寸	170 毫米×240 毫米　1/16
字　　数	197 千字
印　　张	13.75
版　　次	2024 年 10 月第 1 版　2024 年 10 月第 1 次印刷
书　　号	ISBN 978-7-5638-3780-9
定　　价	68.00 元

图书印装若有质量问题，本社负责调换

版权所有　侵权必究

前　言

少年儿童是国家的未来、民族的希望，习近平总书记多次强调指出，"少年儿童是强国建设、民族复兴伟业的接班人和未来主力军"。儿童早期发展对于促进人力资本积累、推动经济社会进步至关重要，对于阻断贫困代际传递、实现共同富裕意义重大。教育是发展的基石，对儿童早期教育的投资是促进儿童高质量发展、提升国家未来竞争力的重要途径。但是，受不同地区经济社会发展水平制约，当前我国在学前教育方面仍然存在发展不平衡不充分的问题，城乡之间的儿童发展存在较大差距。2010年以来，我国学前教育发展进入快车道，园所数量不断增加，硬件设施和师资能力都得到了全面提升。但是，农村学前教育相比城镇而言还存在较大短板，农村儿童在认知和非认知能力方面还面临着严重滞后的风险。如何补齐农村学前教育短板？如何促进农村儿童能力提升？如何减缓城乡之间在学前教育和儿童发展等方面的差距？这些难题亟待通过深入系统的研究予以破解。

针对上述问题，本书基于2001—2021年省级面板数据和CFPS（China Family Panel Studies，中国家庭追踪调查）数据进行分析。首先，深入分析城乡学前教育差距和城乡儿童发展差距，因为只要明确了问题所在，就能有的放矢、对症施策。其次，分析学前教育能否有效提升城乡儿童的学业表现、社交能力和身心健康水平，如果能，则它是通过什么途径对城乡儿童产生影响的？不同地区和家庭影响是否存在差异？只要弄清楚了学前教育对城乡儿童的影响及其影响机理，就能有针对性地对干预策略进行合理优化。最后，如果学前教育可以促进儿童发展，那么应该如何推动学前

教育更好发展？众所周知，财政手段是保障学前教育优质均衡发展的重要措施，而当前社会各界对国家在城乡学前教育方面的具体财政投入情况还不十分清楚，对现有财政投入能否进一步提高学前教育普及水平、能否改善学前教育质量等问题也未进行深入研究，因此，本书的研究对优化财政投入、健全学前教育体系、缩小城乡学前教育发展差距以及全面促进人口高质量发展具有重要的理论价值和实践意义。

本书主要研究内容和成果概述如下。

第一，识别我国在城乡学前教育方面的发展差距以及城乡儿童在学前教育机会获得、早期能力发展等方面的差距，从而为精准施策奠定基础。主要研究发现包括：一是在学前教育的硬件设施水平方面，城乡差距正在逐年缩小，同时农村幼师短缺问题比城镇严重且其专业素养普遍落后于城镇；二是城镇适龄儿童实现了学前教育的全面普及，但农村尚有部分儿童存在无园可上的问题；三是近年来我国城乡儿童的学业成绩有所提升，特别是农村儿童学业成绩提升幅度较大，但其社交能力和健康水平却一直呈下滑趋势，且城镇儿童的下滑幅度超过农村。

第二，考察学前教育对城乡儿童发展的影响，为有针对性地完善我国的学前教育体系提供参考。主要研究发现包括：一是学前教育有助于提升城乡儿童学业表现、社交能力和身心健康水平；二是学前教育通过提高家长的科学育儿水平、培养孩子的良好行为习惯、带动家庭教育参与、提高家庭对孩子的教育期待，可对儿童的早期学业、社交能力和健康表现产生积极影响；三是学前教育对不同地区和不同经济水平、不同民族、留守/非留守等家庭中的儿童早期发展的影响存在显著差异。

第三，梳理学前教育的财政支持政策并分析城乡学前教育财政投入的现状，为深入剖析学前教育财政投入的差距提供现实依据。主要研究发现包括：一是相比其他教育阶段，学前教育阶段的财政投入力度明显不足，不论是就财政投入占教育财政总投入的比重、教育经费中的政府分担比例而言，还是就教育中的生均财政投入而言，学前教育阶段与其他教育阶段相比均存在较大差距。二是从城乡比较来看，城乡学前教育的财政投入均在逐年增长，其中广西、贵州等欠发达地区农村学前教育的财政投入规模超过城市。此外，从财政分担的学前教育经费支出比重来看，农村高于城市，但从生均财政投入水平来看，则城市远高于农村。三是财政资金重点投向学前教育的事业费，尤其是工资福利支出和公用经费占比较大，而基本建设支出占比较低，特别是在农村地区学前教育的财政投入中用于师资工资福利的比重更高。

第四，探究财政投入对城乡学前教育的影响，为优化财政投入提供可行思路。主要研究发现包括：一是财政投入与学前教育毛入园率具有较强的正相关性，特别是在农村地区两者的相关性较强，但在城镇地区两者的相关性则并不明显；二是财政投入有助于提升学前教育硬件设施水平和师资建设水平，并且财政投入力度越大，财政所发挥的作用和起到的效果就越好。可见，要推动学前教育质量的提升，不能仅仅关注财政是否投入了，还要注意测算最优的财政投入区间，在优化财政资源配置方面做到效率最高，从而最大限度地提高财政投入的作用和效果。

第五，提出完善学前教育体系、促进城乡儿童发展的政策建议，从而为缩小城乡学前教育差距和儿童发展差距、促进人力资本积累、提高国家竞争力提供学理支撑。主要建议包括：一是完善城乡学前教育中的硬件设施和师资建设，并重点关注儿童的社交能力和健康水平的提高；二是进一步推动农村学前教育的普惠、普及，为农村儿童的未来发展提供重要保障；三是鼓励家园共育，提升学前教育质量；四是加强弱势补偿，对欠发达地区家庭、低收入家庭、少数民族家庭、留守儿童家庭等加大财政补助力度，促进教育中的起点公平；五是加大财政投入，特别要关注农村生均财政投入水平的提高；六是科学测算财政投入的最优规模，加强资金绩效管理，以最高效率、最低成本推动学前教育的高质量发展。

目 录

上篇 总论

第一章 研究背景及问题 ··· 3
    第一节 研究背景 ·· 3
    第二节 研究问题 ·· 5

第二章 理论基础 ··· 8
    第一节 人力资本理论 ··· 8
    第二节 公共服务均等化理论 ·· 10
    第三节 教育公平理论 ··· 12

第三章 国内外研究现状 ··· 14
    第一节 投资儿童早期发展的重要性和必要性 ·················· 14
    第二节 儿童发展的指标测度与影响因素 ························· 16
    第三节 学前教育与儿童发展的关系研究 ························· 18
    第四节 我国学前教育的发展历程、存在问题及应对策略 ········ 19
    第五节 推动学前教育高质量发展的财政政策研究 ············ 26
    第六节 文献述评 ·· 29

第四章 研究目标与思路 ··· 30
    第一节 研究目标 ·· 30

第二节　研究思路 …………………………………………… 31
　　第三节　研究内容 …………………………………………… 31

第五章　创新之处 ……………………………………………………… 34

中篇　学前教育对城乡儿童发展的影响研究

第六章　城乡学前教育及儿童发展差距的现状分析 ……………… 39
　　第一节　城乡学前教育发展情况 …………………………… 39
　　第二节　城乡儿童学前教育获得情况 ……………………… 56
　　第三节　城乡儿童早期发展情况 …………………………… 58
　　第四节　结果讨论 …………………………………………… 61

第七章　城乡儿童获得学前教育机会的影响因素研究
　　　　——基于3~5岁儿童的分析 ………………………… 64
　　第一节　儿童获得学前教育机会影响因素的理论分析 …… 64
　　第二节　模型设定和变量选择 ……………………………… 65
　　第三节　儿童获得学前教育机会影响因素的实证分析 …… 68
　　第四节　结果讨论 …………………………………………… 72

第八章　学前教育对城乡儿童早期发展的影响研究 ……………… 74
　　第一节　模型设定和变量选择 ……………………………… 74
　　第二节　学前教育对城乡儿童学业表现的影响 …………… 79
　　第三节　学前教育对城乡儿童社交能力的影响 …………… 94
　　第四节　学前教育对城乡儿童身心健康的影响 …………… 102

第九章　学前教育对儿童早期发展影响的路径研究 …… 111
第一节　影响机制和研究假设 …… 111
第二节　模型设定和变量选择 …… 113
第三节　学前教育影响儿童学业表现的路径分析 …… 117
第四节　学前教育影响儿童社交能力的路径分析 …… 124
第五节　学前教育影响儿童身心健康的路径分析 …… 129

第十章　学前教育对城乡儿童发展影响的异质性分析 …… 134
第一节　学前教育对不同地区城乡儿童早期发展的影响差异 …… 134
第二节　学前教育对不同类型家庭城乡儿童早期发展的影响差异 …… 136
第三节　结果讨论 …… 139

下篇　城乡学前教育的财政保障研究

第十一章　学前教育的财政支持政策梳理 …… 143

第十二章　城乡学前教育财政支持的现状分析 …… 148
第一节　全国学前教育财政投入总体情况——基于各教育阶段财政投入的比较 …… 148
第二节　城乡学前教育财政投入情况分析 …… 151
第三节　城乡学前教育财政投入结构分析 …… 156

第十三章　财政投入对城乡学前教育的影响研究 …… 167
第一节　财政投入与城乡学前教育普及率 …… 167
第二节　财政投入对城乡学前教育质量的影响 …… 169

第十四章　完善城乡学前教育体系的相关建议 …………… 180
　　第一节　主要研究发现 ………………………………… 180
　　第二节　相关建议 ……………………………………… 183

参考文献 ………………………………………………………… 187

后　　记 ………………………………………………………… 207

上篇 SHANGPIAN

总论

第一章 研究背景及问题

第一节 研究背景

少年儿童是国家未来和民族希望，儿童发展对促进人力资本积累、推进经济社会发展至关重要，特别是欠发达地区儿童的成长发展对阻断贫困代际传递、缩小城乡差距以及实现共同富裕意义重大。脑科学领域专家的研究显示，自出生起最初6年的经历会深刻影响人的身体和大脑发展，进而影响人生后续阶段的认知、社会情感、教育程度、事业成就乃至毕生收益，因此，对儿童进行早期干预是提升人类一生发展的最佳做法（Melhuish，2014：33-43）。然而，在我国农村地区，由于经济发展水平相对落后、家长思想观念落伍或文化素质不高、父母长期外出务工而由老人隔代抚养等原因，农村儿童在社会情感、身体发育、认知能力等方面存在明显落后的问题（赵鑫、傅安国，2023：149-159；李静 等，2020：71-84）。换言之，这些儿童的早期发展更应该得到重点关注。

对儿童的早期教育投资是促进人的全面发展、提升未来人口整体竞争力、迈向高收入社会的重要途径（刘承芳，2024：164-165）。诸多研究表明，以教育为主要指标的人力资本匮乏，是发展中国家长期无法摆脱贫困的根本原因之一。解决温饱和增加补贴只能解决眼前问题，从长远看，通过教育提升人口素质才是彻底摆脱贫困的关键（蒙泽察 等，2020：109-120；林迪珊 等，2016：34-49）。在中国，党和国家对此高度重视，自2010年以来，我国政府制定了《中国儿童发展纲要（2011—2020年）》、《中国儿童发展纲要（2021—2030年）》、《国家贫困地区儿童发展规划

(2014—2020年）》（国办发〔2014〕67号）、《国家教育事业发展"十四五"规划》、《中国教育现代化2035》等，针对儿童早期教育问题提出了具体的实施方案。

就我国的义务教育阶段而言，自2009年起实施的城乡"两免一补"政策、寄宿生生活补助政策以及支持优秀师资到农村轮岗交流、搭建智慧教育平台以实现优质教育资源共享等措施，对缓解贫困家庭经济压力、提高儿童入学率、推进义务教育优质均衡发展等均发挥了非常重要的作用。目前，九年制义务教育在全国已经得到全面普及，经费保障问题和办学条件等也得到了明显改善，教师队伍素质明显提高，办学质量整体提高，城乡差距日益缩小。到2021年底，经国家义务教育基本均衡发展督导评估认定（针对国内所有县区），我国义务教育已经实现了基本均衡[①]。

针对学前教育，党的十八大提出要"办好学前教育"，党的十九大要求"在幼有所育上取得新进展"，党的二十大强调要"强化学前教育普惠发展"。在中央和地方各级政府的联合发力下，连续四期学前教育行动计划顺利实施，极大缓解了"入园难"的状况。据统计，2023年全国幼儿园数量达到27.4万所，比2013年增加7.6万所，增长了38.4%；全国学前三年毛入园率达到91.1%，比2013年提高了23.6个百分点。其中，中西部地区学前三年毛入园率增长较快，如四川凉山州雷波县的入园率达到90%以上，青海果洛州达日县、玛多县的入园率也达到80%以上。2023年，全国普惠性幼儿园（包括公办园和普惠性民办园）达到23.6万所，占幼儿园总数的86.2%，提前完成了"2025年普惠性幼儿园覆盖率达到85%以上"的目标[②]。

虽然从整体来看，学前教育普及普惠得到了快速发展，但是由于我国

[①] 从基本均衡向优质均衡迈进：我国多举措部署推进义务教育优质均衡发展［EB/OL］. (2024-03-12)［2024-09-08］. https://www.gov.cn/zhengce/202403/content_6939157.htm.

[②] 教育部：七个方面发力，实现学前教育跨越式发展［EB/OL］. (2024-05-16)［2024-09-08］. http://www.moe.gov.cn/jyb_xwfb/xw_fbh/moe_2606/2024/0516/baodao/202405/t20240517_1131215.html.

地域广阔、人口众多，学前教育领域发展不平衡不充分的矛盾依然突出。各地区之间、城乡之间的学前教育发展仍存在较大差距，中西部农村地区，特别是"三区三州"等脱贫攻坚地区、少数民族地区、留守儿童集中地区和人口分散地区，仍存在学前教育财政投入不足、家庭负担过重、办学条件简陋、师资流动性大、办学质量不高、园所间发展差距大等诸多困难（程秀兰 等，2024：1-13）。这种情况对促进人口高质量发展、实现社会起点公平极为不利，也极大地制约了全体人民共同富裕的目标实现，进而影响了中国式现代化进程的有序推进。

第二节 研究问题

让每一位儿童享有高质量的学前教育，应成为下一步推进教育体系改革的一项重点任务。习近平总书记多次强调，"要把下一代的教育工作做好，特别是要注重山区贫困地区下一代的成长。下一代过上好生活，首先要有文化，这样将来他们的发展就完全不同"。当前，学前教育快速普及，学前教育基本实现了"广覆盖、保基本"的目标。但是，因农村学前教育发展长期滞后而导致的教育公平性问题仍有待解决，如何因地制宜、推动学前教育优质均衡发展，以更好促进全体儿童共同成长，进而实现城乡共同富裕，提升国家整体竞争力，是值得深入思考和讨论的。这就需要解决以下几个关键问题。

第一，当前城乡学前教育发展的差距以及城乡儿童早期发展差距究竟有多大？明确了问题所在，才能有的放矢，对症施策。

第二，学前教育通过什么途径对城乡儿童发展产生了什么影响？弄清楚了影响的类型及其机理，才能有针对性地、合理地优化干预策略。

第三，当前学前教育中的财政投入如何？对城乡学前教育的财政投入是否存在差异？明确了城乡学前教育财政投入中的差距，才能有针对性地优化未来的财政投入策略。

第四，我国城乡学前教育的快速普及是否得益于财政投入？只有阐释清楚财政投入在推动学前教育快速发展中的重要作用，才能为全面普及城乡学前教育提供学理参考。

第五，加大学前教育财政投入能否提升学前教育质量？本书旨在据此提出精准的财政干预措施，以改善城乡学前教育质量，缩小城乡学前教育差距，以最高的效率促进城乡儿童发展、人力资本积累和人口高质量发展，为推进中国式现代化、实现全体人民共同富裕而做出更大贡献。

纵观以往研究，很多国内外学者对学前教育和儿童发展都有所关注，但是在以下几个方面还有待进一步研究。

第一，已有研究缺少对城乡学前教育发展差距的关注。当前，我国城镇地区的学前教育已经得到全面普及，但在农村地区尚有部分儿童未能实现就近就便入园；此外，城乡学前教育的办学条件、师资配备差距较大，极大影响了学前教育的质量，进而拉大了城乡儿童发展差距。因而，有必要深入分析当前城乡学前教育的发展差距，查找问题根源并采取措施缩小差距，从而促进学前教育的均衡发展。

第二，已有研究缺少从学前教育视角探讨促进儿童发展的路径。已有研究对儿童发展的讨论大多集中于家庭背景、社会环境、儿童特征等方面，而从学前教育视角讨论儿童未来发展的研究非常有限，对学前教育影响儿童发展的作用机制则更是少有关注。事实上，教育在人类的发展中发挥了基础性、先导性和决定性的作用，探讨关于提升学前教育质量以促进儿童全面发展的问题极其关键，十分必要。

第三，已有研究缺少对学前教育财政保障机制的讨论。学前教育优质均衡的实现离不开财政的支持。对城乡学前教育财政的投入是否存在差异？财政投入能否进一步推动农村学前教育普及，改善城乡学前教育质量？只有找到了问题的根源才能有针对性地优化财政投入，从而补齐农村学前教育的短板以及破解农村儿童发展滞后的难题，为推进城乡儿童全面发展、缩小城乡儿童发展差距、实现共同富裕提供决策支撑。

基于此，本书将分为以下三个部分依次展开。

上篇（即总论）部分，主要阐述研究问题、理论基础、国内外研究现状等，并提出本书的具体思路。

中篇部分，主要探讨学前教育对城乡儿童发展的影响。本部分依托2001—2021年省级面板数据系统分析我国各地区城乡学前教育的发展差距，并采用 CFPS（China Family Panel Studies，中国家庭追踪调查）数据（主要是2010年、2012年、2014年、2016年、2018年、2020年的数据）来分析城乡儿童的发展差距，考察学前教育对城乡儿童在学业表现、社交能力、身心健康等方面的影响，分析其路径，检验学前教育对不同地区和不同家庭儿童影响的异质性。

下篇部分，主要研究我国城乡学前教育中的财政保障机制。首先，梳理学前教育的财政支持政策；其次，分析城乡学前教育财政投入情况及差异；再次，检验财政投入对城乡学前教育普及率和学前教育质量的影响；最后，根据研究发现提出有价值的政策建议，从而为进一步推动学前教育普及普惠、提高学前教育质量、更高效地促进儿童未来发展提供必要的参考依据。

第二章 理论基础

第一节 人力资本理论

一、人力资本理论的起源与发展

人力资本理论的起源可追溯至20世纪中叶。当时,随着第二次世界大战后全球经济重建和快速增长的需要,经济学家们开始探索经济增长的新动力。传统经济学强调物质资本(如厂房、设备等)的积累作为经济增长的主要驱动力,然而,这一理论框架难以完全解释为何某些国家或地区在相似的物质资本投入条件下,经济增长速度却与另一些国家或地区大相径庭。在此背景下,美国经济学家舒尔茨(Schultz)和贝克尔(Becker)等提出了人力资本理论,为理解经济增长提供了新的视角。舒尔茨在其1961年的著作《人力资本投资》中首次系统阐述了人力资本的概念,强调人的知识、技能、健康等非物质因素对经济增长的重要性。他认为,人力资本是通过投资形成的,主要包括教育、培训、医疗保健和迁移等方面的投资,这些投资能够提高劳动者的生产效率和创新能力,从而促进经济增长。贝克尔则在《人力资本》中运用微观经济学的方法,进一步发展了人力资本理论,建立了个人和家庭在人力资本投资上的决策模型,并分析了教育投资与个人收入、就业及社会经济地位之间的关系。

二、人力资本理论的核心观点

(一)人力资本不同于物质资本

物质资本主要是指长期存在的生产物资形式,包括厂房、机器、设备、土地、原材料、货币和证券等;人力资本则通常指人所拥有的生产知识、劳动技能、管理能力和健康素质等的总和。相比物质资本,人力资本更加具有可持续性和增值潜力,并可以通过学习和实践而不断积累和提升。

(二) 人力资本推动经济增长

人力资本理论认为,人力资本是经济增长的关键因素。人才质量的差异直接决定了劳动生产率的高低,进而影响经济增长速度和收入分配格局。通过教育和培训等方式提升人力资本,可以提高劳动者的生产效率,促进技术创新,从而推动经济持续增长。

(三) 教育投资是提升人力资本的重要手段

教育可以促进人力资本积累,是切断贫困恶性循环、促进社会公平的关键举措(Becker,2016)。对于处境不利的群体而言,教育可以提高他们的知识和技能水平、增加就业机会、提高收入,从而使之摆脱贫困。

(四) 全生命周期的人力资本理论

赫克曼(Heckman)认为,人力资本积累是基于全生命周期的一个动态过程,某一时期的技能获得将成为下一时期人力资本积累的基础。他通过比较不同生命周期人力资本的投资收益率后发现,学前教育阶段的人力资本投资收益率最高,并据此提出,人力资本投资越早,收益率越高,因此为实现社会投资效益的最大化,应该多关注儿童学前教育。另外,赫克曼还认为,人力资本中包含认知能力与非认知能力,对于学前教育阶段而言,非认知能力对儿童的影响更大,然而人力资本的投资评估中却往往忽视了非认知能力的作用。

三、人力资本理论在学前教育领域的应用

通过人力资本理论可知,学前教育对人的一生发展至关重要。高质量

的学前教育，能够有效促进儿童认知和非认知能力的培养，为整个生命周期后续的各个阶段奠定基础，从而对提升整个社会的人力资本产生深远影响。由于学前教育具有较强的正外部性和社会投资属性，对学前教育的投资需要国家、社会和家庭的共同努力，以推动学前教育向更加普惠可及、更高质量的方向发展，这对于建设教育强国、促进人口高质量发展具有重要意义。

第二节 公共服务均等化理论

公共服务均等化理论是现代社会治理和公共财政领域的重要理论之一。该理论强调，不论身份、地位以及收入状况，所有社会成员都有权享有政府提供的大体相同的公共服务（安体富、任强，2007：48-53）。

一、公共服务均等化理论的内涵

公共服务均等化就是指政府应确保全体人民都能享有大致均等的公共服务，其核心在于机会均等和结果公平。这一概念涉及多个方面，包括教育、医疗、社会保障、基础设施等，是现代社会公平正义的重要体现。公共服务均等化并非简单的平均化，而是基于公平原则和社会平均水平，通过合理的制度安排和政策措施，将贫富差距控制在合理的范围内，并以此促进区域之间、城乡之间、经济社会之间的协调发展。

二、公共服务均等化理论的核心观点

（一）机会均等

公共服务均等化理论强调全体人民在获取公共服务方面享有平等的机会，而不受地域、身份、经济状况等因素的限制。这就要求政府在公共服务的规划和配置中应充分考虑不同群体的需求，以确保公共服务的普惠性和可及性。

（二）结果公平

公共服务均等化不仅关注机会均等，而且强调结果公平。这就要求政府通过合理的制度安排和政策措施，努力缩小不同地区、不同群体之间所享有的公共服务水平上的差距，使全体人民能够共享经济社会发展的成果。

（三）政府责任

公共服务均等化是政府的重要职责之一。为此，政府应通过加大财政投入、完善财政制度、加强公共服务质量监管等措施，确保公共服务的有效供给和均等化目标的实现。

三、公共服务均等化理论对学前教育实践的启发

（一）确保城乡儿童享有平等的学前教育机会

为此，政府应加大对农村和边远地区学前教育的投入力度，改善这些地区的办学条件，确保城乡儿童在学前教育阶段享有平等的机会。这有助于缩小城乡儿童在学前教育方面的差距，为他们的后续发展奠定坚实的基础。

（二）提高学前教育质量

公共服务均等化不仅关注机会均等，而且强调结果公平。因此，政府应加强对学前教育质量的监管和评估工作，确保所有儿童都能享受到高质量的学前教育服务。这就要求政府制定科学的学前教育质量标准体系，加强对学前教育机构的指导和监督；同时采取组织培训等措施，以提高教师的专业素养和教学水平。

（三）完善学前教育财政保障机制

实现学前教育公共服务均等化需要政府加大对学前教育的财政投入力

度,建立健全学前教育经费保障机制;同时加强对学前教育经费的监督和管理力度,以确保经费的使用合理、有效。

第三节 教育公平理论

教育公平理论是探讨教育领域中资源分配、机会获取以及结果平等的重要理论基础。它不仅关乎个体的全面发展,而且是社会公平与正义的重要体现。

一、教育公平理论的内涵

教育公平是指每个人在接受教育时都享有平等的机会和权利,而不受性别、种族、社会经济地位等因素的限制。这一理论强调教育资源的合理配置,以确保每个人都能获得适合其发展的教育条件。教育公平包括起点公平、过程公平和结果公平(李玲 等,2012:41-48)。

二、教育公平理论的核心原则

教育公平理论包括三大核心原则:平等原则、差异原则和补偿原则。

(一)平等原则

平等原则强调,教育资源的分配应建立在平等的基础之上,以确保每个人都能获得相同的教育机会和权利。这就要求政府在制定教育政策时应充分考虑不同群体的需求,避免任何形式的歧视和偏见。

(二)差异原则

差异原则承认个体之间的差异性和多样性,认为在教育资源的分配中应充分考虑个体的实际需求和潜力。这就要求教育政策在保障基本教育公平的基础上鼓励和支持个性化发展,使每个学生都能获得适合其发展的教育条件。

（三）补偿原则

补偿原则强调对处于不利地位的学生给予额外的支持和帮助，以弥补其在教育机会和资源获取上的不足。这就要求政府和社会各界关注弱势群体的教育问题，通过实施补偿教育计划和采取提供奖学金、助学金等措施，确保他们能够获得与其他学生相同的教育机会和教育成果。

三、教育公平理论在缩小学前教育发展差距上的应用

现阶段，我国的学前教育发展水平在不同区域之间、城乡之间存在较大差距。农村地区的儿童由于受家庭条件的限制，享有的教育机会、教育资源、学习环境等都落后于城镇地区的同龄儿童，显然这违背了教育公平理论的要求。政府作为推动教育事业发展的重要主体，对此应该采取措施，从而保证农村儿童的教育需求，实现教育公平。

第三章 国内外研究现状

第一节 投资儿童早期发展的重要性和必要性

儿童早期发展是消除贫困、打破贫困代际循环、提高国家整体竞争力的重要社会干预手段，促进儿童早期发展已经成为各个国家推动经济社会长远发展的一项重要战略方针。2015年9月，经联合国发展峰会审议通过的《2015年后发展议程》首次将儿童早期发展纳入其中，自此各国开始竞相投资儿童早期发展。如澳大利亚的"学前教育普及计划"、古巴的"教育你的孩子计划"、英国"确保开端计划"、美国"早期开端计划"等。研究显示，接受早期发展干预的儿童在健康发育、学业表现、社会交往等方面都明显优于未受干预的儿童（李伟，2018）。根据阿玛蒂亚·森创立的可行能力理论，贫困产生的内在机制在于可行能力与权利的被剥夺，而不是单纯的经济收入低下。因此，阻断贫困代际传递的重要措施之一就是提升后代的可行能力，而早期发展干预可以提高个人未来的劳动生产率，从而促进就业、提高劳动报酬，甚至获得"一人就业全家脱贫"的积极效果（杨秋宝，2018；Bartik，2014；Magnuson，2013：1-6）。经济合作与发展组织（以下简称"经合组织"）教育与技能司司长施莱克尔在2017年"贫困地区学前教育专题研讨会"上强调，儿童早期发展是难以通过后天弥补的窗口期，在这个窗口期对弱势儿童、困境儿童进行干预，很有可能帮助他们逐渐走出困境，从而打破贫困代际传递的"魔咒"。

投资儿童早期发展有助于提高人一生的发展成就。诺贝尔经济学奖获得者福格尔认为，儿童早期发展对人口质量有着长期而深远的影响，决定其一生的发展轨迹、学习能力、行为和健康状况，并最终决定他们的生产力水平。赫克曼教授也提出，人在成年后的各方面能力和技能与其儿童早期经历密切相关（李伟，2018）。来自神经科学的纵向跟踪研究表明，儿童的早年经历会影响大脑发育，进而影响生命后续阶段的认知和社会情感发展（Ellis et al.，2006：175-212）。哈佛大学儿童发展中心的一项研究表明，儿童大脑网络约有85%是在生命最初的5年中形成的，情感控制和习惯性反应模式在生命的最初5年中达到顶峰，并且在5岁前达到高度稳定的状态（邬健冰，2011）。

有学者指出，儿童早期发展投资是回报率最高的一项投资（Heckman，2006：1900-1902），儿童发展投入越早，其成本越低、回报越高。全球多个干预项目跟踪研究显示，在儿童早期发展阶段每投入1美元，将获得4.1~9.2美元的回报。投资儿童发展比向青少年和成年人的教育培训进行投资更为有效（Carneiro and Heckman，2003）。经合组织组织开展的"国际学生评估项目（PISA）"的研究成果也证实，儿童早期发展与教育对其未来学业和成就有积极的促进作用（陈欢，2022：20-21；陈纯槿、柳倩，2017：3-12）。

相比城市，我国农村地区儿童的弱势地位尤为明显，其数量庞大、结构复杂，不公平状况日趋严峻，亟待引起国家和社会的重点关注。一方面，由于资源约束，农村地区儿童能力发展不足的现象较为普遍，其在认知能力、社会交往能力、自理能力、语言能力和精细运动能力等各个方面的发展均不够充分，且随着年龄增加还有恶化的趋势，从而阻碍了农村地区儿童未来的发展（赵鑫、傅安国，2023：149-159；罗仁福 等，2010：17-22）。另一方面，农村地区的特殊儿童群体面临更加困难的处境。随着城镇化进程的加快，劳动力在城乡之间和地区之间的转移和流动日趋频繁，在带动经济快速发展的同时，也使大量未成年子女由于父母外出务工而成为留守儿童。流动人口监测数据显示，2015年全国农村留守儿童为2 533.75万人（魏东霞、谌新民，2018：549-578）。根据教育部发布的数据，2020年我国农村留守儿童减少为1 290万人（吕利丹 等，2024：103-117）。由于缺少照料、陪伴和亲子互动，这些留守儿童在身体素质、心理健康、学业表现和社会适应能力等方面均存在明显问题（傅小兰 等，2021；李梦龙 等，2019：839-844；胡枫、李善同，2009：67-74；陶然、周敏慧，2012：68-77；徐晓新、张秀兰，2016：151-169；段成荣 等，2014：13-29）。此外，单亲家庭、失能家庭的儿童也面临与之相似的困境。人在儿童时期的发展与其成年后经济社会地位的获得息息相关，起点的不公平将进一步加剧成年后不均衡的发展趋势（邓锁、吴玉玲，2020：138-148），这一点需要引起各方足够的重视。

第二节　儿童发展的指标测度与影响因素

儿童发展涵盖身体、心理、情感、语言、行为和社会能力等各个方面的发展和表现。已有研究对儿童发展的测度可以概括为三大方面，一是营养健康，二是学业表现，三是能力提升。营养健康体现在儿童身高、体重、身体机能、心理素质等方面，学业表现主要考察儿童的在学成绩、课堂表现、奖惩情况等，能力提升主要集中在儿童的语言表达、认知能力、社会性发展等方面。

那么，主要是哪些因素影响了儿童的发展呢？对此，学术界有过诸多讨论。学者们普遍认为，儿童发展与家庭背景（父母的受教育程度、父母职业、教养方式等）、学校环境（地理位置、公办/民办性质、空间、设施等）、教师能力、儿童特征（年龄、性别等）有很大关系（张佳慧 等，2011：475-483；Rao，2010：167-185；Horgan，2007；Li et al.，2016：427-438）。

家庭、学校和儿童三方面共同对儿童学业发展起作用，其中，家庭因素是最为主要的助推器（庞维国 等，2013：12-21；武丽丽 等，2018：56-62）。

从经济层面而言，较高的家庭收入能通过为孩子选择更好的学校，提供更优质的教育技术、学习资料或课外辅导课程等手段，帮助孩子更好地积累人力资本并获得成功（杨钋，2020：63-77；Alexander，1995：399-409；Thomson et al.，1994：211-242；薛海平 等，2014：50-62）；低收入家庭尽管也希望投资儿童发展，但经济条件有限在很大程度上制约了其对儿童的投入（Duncan et al.，2014：99-120）。

除了经济支持，父母参与（包括作业督导、与学校沟通等）和陪伴对儿童学业成就也有显著的促进作用（Lee and Bowen，2006：193-218；张云运 等，2015：19-26；Hill and Tyson，2009：740-763），而对父母务工在外的留守儿童来说，其学业成绩表现也往往因此受到不利影响（陶然、周敏慧，2012：68-77；Robles and Oropesa，2011：591-618；郑磊、吴映雄，2014：139-146；吴愈晓 等，2018：98-120；梁文艳、杜育红，2012：67-77）。此外，低收入家庭特别是农村家庭的亲子互动意识匮乏，并且即便大人有陪伴孩子的意愿，但为了维持生计他们需要长时间劳作因而没有充足时间陪伴儿童，从而导致亲子互动行为相对较少（肖莉娜，2022：108-117；Doepke and Zilibotti，2019），进而影响儿童心理健康水平和非认知能力发展（Aguilera-Guzman et al.，2004：711-723）。反观那些中产阶层家庭和高收入家庭，其陪伴子女的机会相对较多、亲子互动的频率也相对较高（田丰、静永超，2018：83-101），因而这些家庭中的儿童在性格和心理方面的表现也更理想。

对于学校因素的影响，也有很多学者展开了研究。例如，有学者（Cunningham，2010：501-507）研究发现，课堂环境质量能够影响儿童的读写得分，即环境质量越高，儿童的读写得分越高。此外，办学条件、学校质量、班级人数、师生关系等也对学生成绩有显著影响（赵必华，2013：88-97；卢珂、杜育红，2010：64-73）。就儿童自身的表现而言，学习态度、学习行为、情绪、体质、课外学习等都会影响其学业发展（张贵生 等，2024：64-86；安秋玲 等，2018：66-70；李忠路、邱泽奇，

2016：121-144；孙芳萍、陈传锋，2010：204-206；董妍、俞国良，2010：934-937，945；温煦 等，2018：70-76）。

除了学业发展外，还有学者从健康状况和能力提升等角度探讨儿童的发展。例如，李强、臧文斌（2010：341-360）利用中国健康与营养调查数据（CHNS）研究儿童患病率的影响因素，结果发现，父母外出务工的留守儿童生病或患慢性病概率增加3.82%；特别是，母亲外出对孩子的不利影响更大。李波（2018：54-64）以北京市功能拓展区中的46所学校为样本，分析影响儿童能力提升的主要因素，结果显示，父母参与对子女各维度非认知能力的发展均有显著正向影响。此外，互动式的教学方式对儿童语言、数学、社会认知的发展也有积极影响（Li et al.，2016：427-438；刘焱，2014）。

第三节 学前教育与儿童发展的关系研究

学前教育是一个人终身学习的开端，其在教育的各个阶段具有重要的先导性和基础性作用，能够为人一生的发展奠定基础（吴贾 等，2021：157-180；Cornelissen et al.，2018：2356-2409；Becker，1964），是最值得政府投资的阶段（薛远康 等，2023：55-72）。对学前教育进行投资所能获得的回报率，远高于其他教育阶段（包括成年后的技能培训）（Cunha et al.，2005：11331）。大量研究发现，学前阶段的儿童处于语言、肢体和逻辑思维发育的高峰期，也是性格养成的关键时期（Elango et al.，2015：235-297）。儿童早期刺激不足是阻碍发展中国家儿童发展的关键因素之一（Walker et al.，2011：1325-1338）。高质量的学前教育对儿童的健康、语言、认知、情感、社会性等全面发展有明显的促进作用（Currie and Almond，2011：1315-1486；Campbell et al.，2002：42-57；National，2000：960-980），可以为其后续的学业和事业成就做好充分准备（邬健冰，2011；Gray-Lobe et al.，2023：363-411；Heckman et al.，2013：

2052-2086；Bailey et al.，2021：3963-4001），此外还能够有效降低收入差距、促进社会代际流动（吴贾 等，2024：1325-1342；Barr and Gibbs，2022：3253-3285）。

从学业发展的角度看，学前教育对受教育者的学业成就具有积极影响（赵丽秋、李莉，2024：709-724；National，2005：99-114）。并且，来自低收入、贫困家庭的儿童更能从优质的学前教育中获益（Melhuish，2014：33-43；Lin and Wang，2019：112547；Burchinal et al.，2006：79-113；Brooks-Gunn，2003：3-16；Yoshikawa，1995：51-75；Hayes，2008）。学前教育时间越长，学前教育质量越高，受教育者的发展结果越好（张佳慧 等，2011：475-483；Umek et al.，2008：569-588）。由此可见，学前教育对缩小不同收入家庭的贫富差距以及促进下一代的全面发展具有重要意义。

学前教育对儿童的能力提升也有显著作用（罗仁福 等，2010：17-22），高质量的学前教育对儿童认知能力、智商发育有积极影响（Campbell and Ramey，1994：684-698）。对此，有学者（Bakken et al.，2017：255-269）通过对幼儿大脑、身体、情感的早期干预发现，相比未受干预的儿童，接受早期教育干预的儿童表现出更强的社交能力和更好的人际关系。此外，学前教育还能提高儿童自我管控力和约束力，从而持久、有效地降低社会上的儿童犯罪率（Schweinhart，2003）。

第四节 我国学前教育的发展历程、存在问题及应对策略

一、我国学前教育发展历程

我国学前教育体系历经百年发展，经历了初创、探索、变革、停滞、恢复和深化改革等六个阶段（侯莉敏 等，2024：1-11）。

(一) 初创阶段 (1903—1918年)

中国自古以来就高度重视幼儿教育,《易经》即有言:"蒙以养正,圣工也。"始于商周时期的蒙学是我国儿童启蒙教育的起源,但在奴隶制社会及整个封建社会,蒙学仅面向少数贵族家庭,平民家庭根本没有入学机会(王春燕,2003)。1903年创办的湖北幼稚园是我国第一所官方创办的学前教育机构(中国学前教育研究会,2003),这为普通家庭接受学前教育提供了可能性。1904年,我国颁布《蒙养院及家庭教育法章程》,将学前教育机构定义为"蒙养院",倡导"蒙养家教合一"的办学宗旨,提供游戏、歌谣、谈话等服务内容(喻本伐、郑刚,2022)。截至1909年底,全国共开设92所蒙养院,2 664名幼儿入学(唐淑,2015)。1912年,蒙养院改名为蒙养园(郭云红,2017:44-47),并被正式纳入国家教育体系(喻本伐、张汶军,2022)。这一时期,我国的学前教育机构主要以官方创办的机构为主,私立机构和教会组织的学前机构较少。

(二) 探索阶段 (1919—1948年)

1919年,鲁迅在《新青年》发表文章《我们现在怎样做父亲》。文中指出,要将儿童教育由长者本位向幼者本位转型。随后,陈鹤琴、张雪门等教育家先后创办幼稚园,在办园理念、园所管理、师资队伍建设等方面逐渐走向科学化,充分尊重儿童的成长规律、年龄特点和个性需要,设计幼稚园的发展规划和教学活动等(李旭,2023:1-13)。这一时期,官办机构、民办机构、保育院、农村幼稚园等陆续出现,推动学前教育机构向多样化、大众化的方向发展。截至1947年底,全国开办幼稚园达到1 301所,超过13万名适龄儿童获得学前教育机会(中国学前教育研究会,2003)。

(三) 变革阶段 (1949—1965年)

中华人民共和国成立后,在党和国家的重视和支持下,学前教育取得了跨越式发展。1949年,中央人民政府教育部设立幼儿教育处,专门负责管理幼儿教育事务。1951年,中央人民政府政务院颁布《关于改革学制的决定》,将幼稚园更名为幼儿园。1956年,教育部、卫生部、内务部联合出台《关于托儿所、幼儿园几个问题的联合通知》,提出对教办园(教育部门开办)、非教办园(非教育部门开办)实行协同推进的思路。在上述政策的指引下,社会各方力量积极开办幼儿园,机关、企事业单位、学校、工厂等办园主体陆续增加,为适龄儿童入园提供了更多机会。截至1965年底,全国开办幼儿园共计1.92万所,超过171万名儿童入园(中国学前教育研究会,2003)。

(四)停滞阶段(1966—1977年)

受"文革"影响,这一阶段的学前教育遭到了严重破坏,大量园所被迫解散,校舍被挤占、设施设备被破坏(中国学前教育研究会,1999),学前教育整体发展出现停滞甚至倒退。

(五)恢复阶段(1978—2009年)

党的十一届三中全会召开后,学前教育开始逐渐恢复。1979年,国务院设立"托幼工作领导小组",专门负责管理学前教育机构;1989年,国家颁布《幼儿园管理条例》《幼儿园工作规程(试行)》等,规范了幼儿园的管理制度和办园模式。随着20世纪90年代我国市场化进程的推进,民办园发展迅猛。2004年,民办园数量超过公办园;截至2009年底,民办园占比已经超过65%,在园幼儿数量不断增加,全日制、寄宿制等多种形式陆续涌现,不断满足人民群众的不同需求。与此同时,由于民办园占据主体地位,普惠性学前教育资源供给不足,"入园难""入园贵"等问题日益凸显,如何推动学前教育普及也由此成为这一阶段最重要、最艰巨的任务。

（六）深化改革阶段（2010年至今）

2010年，《国务院关于当前发展学前教育的若干意见》出台，全国各地积极推动并连续实施四期学前教育行动计划，我国学前教育普惠可及得到加快推动，普惠幼儿园数量大量增加，专业性、科学性、公益性成为学前教育体系新的趋势。2017年，党的十九大报告将"幼有所育"列为七大民生事项之首。2018年，《中共中央 国务院关于学前教育深化改革规范发展的若干意见》指出，"到2020年，广覆盖、保基本、有质量的学前教育公共服务体系基本建成，学前教育管理体制、办园体制和政策保障体系基本完善"。2021年，教育部等九部门联合印发的《"十四五"学前教育发展提升行动计划》提出，"践行以人民为中心发展思想，坚持学前教育公益普惠基本方向，健全普惠性学前教育资源配置、师资队伍建设、经费投入与成本分担等方面保障机制，提升学前教育公共服务水平"和"到2025年……覆盖城乡、布局合理、公益普惠的学前教育公共服务体系进一步健全，普惠性学前教育保障机制进一步完善，幼儿园保教质量全面提高，幼儿园与小学科学衔接机制基本形成"。2022年以来，教育部等部门相继发布《幼儿园保育教育质量评估指南》《关于实施新时代基础教育扩优提质行动计划的意见》《幼儿园督导评估办法》等，为全面提升幼儿园保教质量提供了指导方案，推动"幼有所育"向"幼有优育"不断迈进。然而，在我国学前教育高速发展的进程中，地方各级政府往往要求"划片招生""就近入园"，但区域之间（特别是城乡之间）幼儿园的数量和质量方面存在较大发展差距，这既影响了学前教育服务体系的均衡发展，也不利于社会公平（郭念发 等，2024：1-14）。此外，农村地区人多资源少、治理难度大（程秀兰等，2024：1-13）也是当前存在的一个突出问题。未来如何在普及普惠基础上实现学前教育均等化、构建安全优质的农村学前教育体系值得深入思考和讨论。

二、我国学前教育存在的主要问题

在城乡二元经济结构的长期影响下，我国城乡学前教育存在明显发展差距，农村学前教育在教育资源配置等方面较为落后（洪秀敏、罗丽，2012：73-81）。相比城市儿童，农村儿童在学前教育阶段就处于劣势地位。一方面，幼儿园结构布局失衡现象普遍，幼儿园"进镇不进村"的情况使多数贫困村儿童无法实现就近入园，接送和陪读问题也在无形中额外增加了偏远地区农村幼儿入园时的支出（宋映泉，2016）。另一方面，很多农村地区的幼儿园以民办为主，缺少规范化的管理和安全保障，活动场地简陋，玩教具设施、图书和户外活动器材匮乏，班级卫生、室内采光等不合要求（林静，2010；李运余，2011：237；刘占兰，2015：13-21），不能很好地满足儿童成长需要（罗英智、李卓，2010：9-12）。

财政性教育经费投入不足是制约农村学前教育发展的一个重要因素。国际经验表明，学前三年毛入园率在80%以上的国家，其财政性教育经费支出中的学前教育经费占比平均为9.67%；毛入园率在60%~80%的国家，其财政性教育经费支出中的学前教育经费占比平均为7.73%。《中国教育统计年鉴2022》统计显示，2021年我国学前教育阶段的三年毛入园率已经达到88.1%，但全国财政性学前教育经费占比仅为6.57%。当前，我国各级政府在学前教育事权责任划分上并不明确，学前教育经费主要由区县政府负责。对于贫困地区，由于县级财政自给能力不足，投入缺口大，缺乏维持学前教育的可持续保障，因此更多的学前教育支出负担落在了农民身上（蔡迎旗、何婷婷，2013：8-11），这使原本经济就比较脆弱的贫困家庭雪上加霜，甚至导致其下一代的学前教育被迫中断，导致贫困儿童输在起跑线上，进而造成城乡之间发展差距的进一步加大。

农村学前教育体系中薄弱的师资队伍建设是推进农村学前教育改革中的又一大难题。众多研究显示，农村幼儿园的幼师队伍存在数量不足、专业素质不够、流动性大等诸多问题。例如，有学者（张朝、于宗富，

2009：32-35；刘霞，2007：35-38）通过对全国城乡幼儿教师的研究发现，城市和县城幼师数量逐年增加，农村幼儿教师的总数则逐年下降，城镇师幼比平均为1：16～17，农村师幼比则为1：30（刘焱、潘月娟，2008：60-64），2022年针对四川省农村学前教育的调查发现（唐雅琳 等，2024：166-177），受访幼儿园教职工数量严重不足，师幼比为1：17.2，未达到国家规定标准。庞大的班级规模增加了幼师的管理负担，严重影响了农村学前教育的质量。在专业素养方面，农村幼儿教师普遍从业门槛低、培训机会少、学历水平低，综合素质相对较差（洪秀敏、罗丽，2012：73-81；张赛阔，2008；孙柳青、朱文娥，2010：48-50）。例如，从全国范围来看，在农村地区仅有不到50%的幼儿教师具有幼教资格证。在师资待遇方面，城乡幼儿园教师收入水平差距较大。当前，我国学前教育的责任主体主要是县级政府。由于地方经济发展水平和县级财力差异，使得不同地区教师待遇差距较大。特别是，农村地区幼儿园教师的工资待遇明显低于市区和城郊教师的工资（吴琼，2021：57-66）。于冬青、高铭（2019：22-28）对12个省级地区的调研发现，我国农村幼儿园教师月均收入为2 550元，其中78%的教师对薪资待遇不满意；龚欣、李贞义（2019：28-34）对中部国家级贫困县的调查发现，幼儿园教师月均收入约为1 500元，仅能满足基本生活需要，工资收入对教师的激励性明显不足；刘强、白鸽（2021：24-28）调查发现，约97%的农村幼儿园教师没有编制，其工资仅靠园所收取的保教费，但因为农村保教费较低，由此造成的资金短缺使得教师工资未能达到当地最低工资标准（许文静，2019：267-269）。在职称评定方面，农村幼儿园教师也面临极大困难。职称评定与岗位晋升、薪酬待遇等息息相关，是激励幼儿园教师的重要手段，但是与城市相比，农村幼儿园教师的受教育水平、专业素养等相对不足，导致其在职称评定方面处于劣势地位，从而阻碍了农村幼儿园教师的专业发展，影响其职业认可度（方建华等，2021：3-15）。由于编制不足、待遇低、职称评定困难等（于冬青、梁红梅，2008：13-16），农村幼儿教师缺乏对自身的身份认同（王涛、刘善槐，2024：1-12）且流动性较大，这对农村幼儿园的可持续发展极为不利（中国发展研究基金会，2017；洪秀敏、王梅，2024：1-10）。

三、完善学前教育体系的主要策略

对于如何完善学前教育体系这一点，大多数学者认为应大力发展有质量的普惠性幼儿园，增加经费投入规模，调整经费投入结构，对低收入家庭、偏远地区家庭、少数民族家庭等进行重点、精准资助，通过多渠道挖掘师资力量，从而确保农村学前教育的可持续发展（Bartik，2014；Hayes，2008；中国发展研究基金会，2017；庞丽娟 等，2016：32-39；柏檀 等，2012：29-33）。此外，还有学者从师资队伍建设和制度建设等方面提出了应对措施。例如，有学者（陈欢、王小英，2019：41-53；庞丽娟，2021：16-19）认为，提高师资待遇和地位有助于提高学前教育发展内生力量。有学者进一步指出，应缩小学前教育教师与中小学教师的工资差距，增加幼儿教师编制，同时对无编制的幼儿教师加大补贴力度（曾文静，2022：30-42）。还有学者指出，为提高师资水平，还要完善学前教育教师培训体系，对学前教育机构组织或参加的培训费用给予财政支持（蔡永辉，2019：61-64；庞丽娟，2024：1）。另有学者提出，办好学前教育应优化办园布局，完善管理体系，加强质量监管及安全法律法规建设等。对此，应由各地教育部门牵头，会同多部门协同制定发展规划，加强部门沟通和联动，根据人口结构变动和村镇调整优化布局，组建由评估专家、教育部门管理人员、一线教师、家长代表等组成的质量监测队伍，充分利用大数据优势，开展定期监测评估，并将评估结果同幼儿园绩效考核、教育经费、保教收费等挂钩，以此激发幼儿园的内在动力，提高幼儿园的办园质量，推动学前教育事业朝着优质均衡的方向不断发展（刘鸿昌、徐建平，2011：3-7；宋占美、阮婷，2012：25-29；陈蓉晖、赖晓倩，2021：23-33；何茜、罗平云，2024：144-149）。

第五节　推动学前教育高质量发展的财政政策研究

一、学前教育需要财政干预的理论逻辑

学前教育是一种收益率较高的人力资本投资，对后续各教育阶段乃至人的一生发展都至关重要。学前教育的投资收益具有明显的外溢性和非排他性特征（曹信邦、童星，2021：75-82，135）。特别是，在不少农村家庭因养育技能薄弱而导致养育失灵的现实问题上，学前教育的专业化、正规化介入弥补了家庭养育的不足。当然，由于农村家庭收入有限，需要通过财政干预（郭曼曼、崔惠玉，2024：70-81）对学前教育进行必要投资，以促进社会公平的实现。

如前所述，纵观我国学前教育的发展历程，大致经历了由公办机构主导，逐步转为公办、民办机构并行发展，再到 2010 年后普惠幼儿园迅猛发展的过程。实践证明，单纯依靠市场力量推动学前教育会导致市场失灵现象的发生（刘天子，2017：50-57）。"入园难""入园贵"等问题的频发充分表明，学前教育既对儿童的未来发展至关重要，又关系到千家万户的切身利益和民生福祉，其较强的正外部效应决定了政府参与的必要性。2010 年，《国务院关于发展当前学前教育的若干意见》强调指出，"发展学前教育，必须坚持公益性和普惠性"，从而进一步明确了学前教育的公共属性，并对学前教育发展提出了更具体的要求，包括城乡布局要合理、所有适龄儿童全覆盖、要有质量等，而这些发展要求的实现都离不开财政的积极支持。

二、学前教育政府和家庭成本分担相关研究

学前教育是具有较强公益性质的准公共物品，需要政府和家庭共同分担，以保障学前教育的高质量发展（蔡秀云 等，2022：85-98）。从发达

国家的实践来看，政府在学前教育成本分担中发挥了主导作用，而家庭的分担比例较小（邓莉、彭正梅，2020：62-74；柳倩、黄嘉琪，2019：72-86；孙蔷蔷、郑孝玲，2024：94-104）。大多数经合组织成员的财政投入占其学前教育经费的比重均超过60%，并且主要由中央层级政府负担（赵嘉茵、袁连生，2020：53-66）。对于我国政府分担的学前教育经费比例，很多学者也提出了各自的见解，如有学者（刘霞，2020：25-35）认为，政府应该分担的学前教育成本比例至少为50%。也有学者认为，政府分担比例太高会挤压民办学前教育机构的生存和发展空间，造成市场竞争的降低，进而导致学前教育质量的下降（郑琦 等，2020：91-116；张雪，2019：3-13），同时也会加大财政资金压力。

还有的学者分析了学前教育成本分担的趋势、影响因素和影响效应。例如，魏聪、王海英（2015：67-83）分析了1999—2011年我国政府、家庭和社会学前教育成本分担比例的变动趋势，结果发现：尽管我国学前教育财政投入力度不断加大，但政府分担比例与社会期望之间的落差悬殊。有学者（赵嘉茵 等，2022：128-139）采用2010—2019年省级面板数据，分析了各省级行政区学前教育成本分担的差异，结果发现：全国学前教育成本家庭分担比例显著下降，由2010年的55%下降至2019年的48.2%；其中，大多数地区的家庭分担比例在下降，但个别地区则在上升，省际差异仍在扩大；地方政府的财力水平和财政投入程度与家庭的分担比例呈负相关，同时中央转移支付能有效激励地方财政投入进而降低家庭分担比例。张雪（2016：29-36）基于2003—2013年省级面板数据分析了学前教育成本分担的影响因素，研究发现：学前教育成本分担水平主要受学前教育财政投入程度和人口结构等因素的影响。王娅、宋映泉（2019：14-24）采用2002—2006年6省370个县的数据，分析了学前教育成本分担比例与公立幼儿园在园幼儿规模之间的关系，结果发现公立幼儿园的政府分担比例对其在园幼儿规模增长率有负向影响，主要原因是政府投入公立幼儿园的目的更可能是追求高质量而非扩大在园幼儿规模。

三、学前教育高质量发展的财政支持政策研究

学前教育财政事权如何在央地之间划分？对此，宋臣（2023：2-153）研究认为，学前教育是典型的空间外溢性地方公共事务，为便于管理，应主要由县级政府负责，但要完善中央转移支付制度，以目标和绩效为导向，多措并举激励和引导地方政府发展学前教育。另有学者（王水娟、柏檀，2012：4-8）认为，学前教育财政投入应主要由县级政府负责；同时，对于农村地区、偏远贫困地区而言，则应由中央承担主要责任。有学者（王海英，2011：10-16）认为，在基础设施投资方面，中央资金应向欠发达地区倾斜，省内发展不均等的地区可在省内通过转移支付加以扶持。还有的学者进一步探讨了决定学前教育财政投入的主要因素，包括适龄儿童数量、教育充足水平等（王传毅 等，2021：39-48；马林琳、姚继军，2018：74-79）。

此外，有学者研究了不同地区和不同类型学前教育机构之间的财政投入差距。例如，庞丽娟（2022：3-8）通过梳理我国29个省级行政区公办园的生均财政拨款标准与22个省级行政区普惠性民办园的生均财政补助标准发现：北京市公办园的生均财政拨款标准为12 000元/生/年，为全国最高水平，此外生均财政拨款标准超过1 000元/生/年的还有天津、上海、河南、青海、陕西（学前一年）等五个地区，而江苏、宁夏、新疆等地仅为300元/生/年；就普惠性民办园而言，北京市的生均财政补助标准为12 000元/生/年，为全国最高水平，此外生均财政补助标准超过1000元/生/年的还有天津、陕西、海南等三地，可见相比公办园，普惠性民办园财政补助标准整体偏低（王红蕾 等，2023：3-20）。有学者（张琴秀 等，2019：43-49）分析发现，国家对于中部六个省级行政区的财政投入相对滞后，农村家庭承担的学杂费支出压力不断加大。另有学者（杨卫安 等，2020：50-57）研究发现，部分地区普惠性民办园的财政补助形式单一、补助额度偏低，不同区域之间的补助标准存在较大差距。宋映泉（2011：

15-23）基于 3 省 25 个县的调查数据分析发现，不同类型学前教育机构，如公办园与民办园，机关园、示范园与其他类型园之间的政府财政投入存在较大差别。此外，有学者（洪秀敏 等，2019：39-44）也证实了普惠性幼儿园资源配置的差异性。

第六节　文献述评

综合已有研究可知，投资儿童早期发展是培育人力资本、推动经济社会发展、提升国家竞争力的重要举措。就我国而言，当前来自农村地区的儿童自身的发展能力和动力不足，亟待国家和社会予以重点关注。教育是促进儿童发展最有效、最直接的手段，特别是学前教育，其作为终身学习的基础，势必影响人一生的成就。我国农村的学前教育正在快速发展之中，但尚未实现全面普及，并且其资源配置和教育质量相比城镇学前教育而言还存在较大差距，这使得农村儿童发展相对滞后的趋势愈加明显。如何通过科学的干预手段提高农村学前教育普及率和学前教育质量、缩小城乡学前教育发展差距，进而促进城乡儿童共同成长，已经成为亟待解决的重要议题。

然而，已有研究对这一领域的关注还远远不够。虽然有部分学者讨论了学前教育资源配置在区域之间和不同类型机构之间的差距以及农村学前教育的发展现状，但是尚缺少对城乡之间学前教育差距的比较研究。以往，学者们从不同角度提出了推动学前教育发展的策略，但是从财政视角提出干预措施的研究还非常有限。因此，笔者将在这个方面做一些有益的尝试和补充。在本书中，笔者主要基于 2001—2021 年省级面板数据和 2010—2020 年 CFPS 数据，分析城乡学前教育差距和儿童发展差距，考察学前教育对城乡儿童发展的重要影响，分析其影响路径和异质性，并从财政视角探讨推动城乡学前教育高质量发展的路径。希望本书能够为进一步完善我国城乡学前教育体系、更好促进儿童发展提供有益的参考。

第四章　研究目标与思路

第一节　研究目标

笔者在本书中提出的总体研究目标是：通过评估学前教育对城乡儿童早期发展的影响以及考察财政投入对学前教育普及和学前教育质量的影响，探究推动学前教育高质量发展的财政干预策略，从而为完善城乡学前教育体系、缩小城乡学前教育差距进而实现教育公平提供必要的政策支撑，为促进城乡儿童共同发展、筑梦国家未来提供相应的理论参考。

具体目标如下。

第一，厘清城乡学前教育的发展情况、城乡儿童获得学前教育的情况以及城乡儿童的早期发展情况，以明确城乡学前教育的发展差距和城乡儿童的发展差距。

第二，从学业表现、社交能力和身心健康等三个维度考察学前教育对城乡儿童发展的影响并研究其影响机制，检验学前教育对不同地区和不同家庭儿童的异质性影响，从而明确学前教育对城乡儿童早期发展的重要性并提出提升路径。

第三，分析当前我国学前教育的财政支持政策情况以及财政对城乡学前教育的投入情况，以明确学前教育财政投入的城乡差距。

第四，考察财政投入对城乡学前教育普及率和发展质量的影响，从而为有针对性地优化财政投入提供依据。

第五，根据上述研究发现，提出有针对性的财政干预策略，以此推动我国学前教育朝更高质量、更加公平的方向发展。

第二节　研究思路

在本书中，笔者依托 2001—2021 年的省级面板数据和 2010—2020 年 CFPS 数据，系统分析城乡学前教育发展差距并重点考察学前教育对城乡儿童发展的影响；在明确学前教育的重要性后，从财政投入的视角分析提高农村学前教育普及率以及提升城乡学前教育质量的可行措施，期待以此推动我国学前教育高质量发展、有效缩小城乡学前教育发展差距，进而促进城乡儿童的共同进步。

具体而言，首先，系统分析我国城乡学前教育的发展现状、儿童获得学前教育机会的情况以及城乡儿童早期发展情况；其次，重点考察学前教育对城乡儿童学业表现、社交能力和身心健康的影响，并深入探究其影响路径，检验其对来自不同地区和不同家庭儿童的影响差异；再次，梳理我国学前教育的财政支持政策，分析当前城乡学前教育中的财政投入情况，继而实证检验财政投入对城乡学前教育普及率和发展质量的影响；最后，总结全文并提出相关政策建议，为全方位科学有效地推动城乡学前教育高质量发展、更好促进儿童成长、缩小城乡儿童发展差距提供必要的理论支撑。

本书的技术路线如图 4-1 所示。

第三节　研究内容

本书分为上篇（总论）、中篇（学前教育对城乡儿童发展的影响研究）和下篇（城乡学前教育的财政保障研究）三部分，共十四章内容。上篇是本书的概览部分，主要介绍研究背景，提出研究问题并梳理国内外研究现状。中篇主要论证学前教育对儿童学业表现、社交能力和身心健康的重要价值，从而为政府有效干预提供依据。下篇在明确学前教育必要性的

```
                筑梦未来：学前教育对城乡儿童发展的影响及财政保障研究
                                    │
上篇  ┌─────────────────────────────────────────┐
      │         文献（文件）梳理、数据搜集          │
      └─────────────────────────────────────────┘
                                    │
中篇  ┌─────────────────────────────────────────┐
      │      学前教育对城乡儿童发展的影响研究         │
      │      城乡学前教育及儿童发展差距的现状分析      │
      │    影响城乡儿童获得学前教育机会的因素分析      │
      │       学前教育对城乡儿童发展的影响           │
      │      ┌──────┬──────┬──────┐              │
      │     学业表现  社交能力  身心健康              │
      │      └──────┴──────┴──────┘              │
      │         影响路径      异质性影响             │
      └─────────────────────────────────────────┘
                                    │
下篇  ┌─────────────────────────────────────────┐
      │         城乡学前教育的财政保障研究           │
      │         政策梳理      现状分析              │
      │       财政投入对学前教育的影响              │
      │       普及率   硬件设施   师资建设           │
      └─────────────────────────────────────────┘
                                    │
                        研究结论及政策建议
```

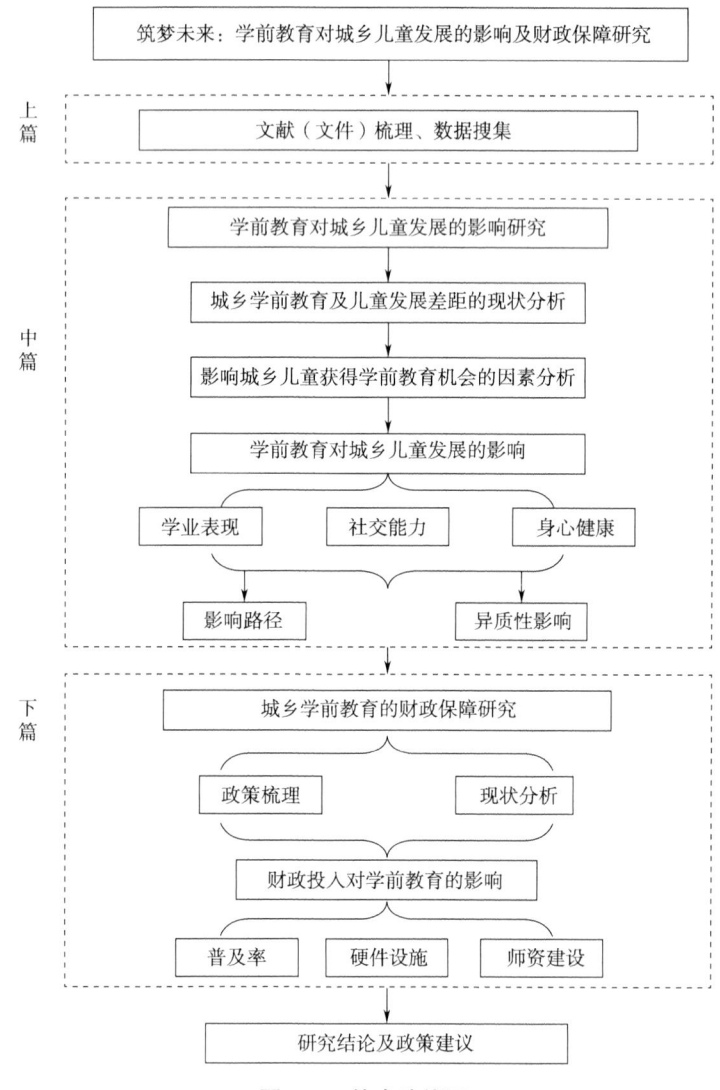

图 4-1　技术路线图

基础上，从财政视角探讨进一步推动学前教育普及、提升学前教育质量的有效策略。

具体如下。

上篇：第一章至第五章。主要概述研究背景和意义，分析理论基础，总结国内外研究现状；在此基础上提出研究目标、研究思路以及创新

第四章　研究目标与思路

之处。

中篇：第六章至第十章。其中，第六章采用2011—2021年省级面板数据，分析我国城乡学前教育的发展情况和城乡儿童学前教育获得情况，以此剖析城乡学前教育发展的差距以及城乡儿童在入园机会方面的差距；再基于2010—2020年CFPS数据分析城乡儿童早期发展差距（包括学业表现、社交能力和身心健康等），以明确问题并有针对性地提出改进和完善建议。第七章基于CFPS数据，分析城乡儿童在获得学前教育机会方面的影响因素，从而为进一步推动农村学前教育普及提供数据支撑和学理参考。第八章基于CFPS数据，分析学前教育对城乡儿童学业表现、社交能力和身心健康等的影响。第九章、第十章依次分析学前教育的影响路径以及不同地区、不同家庭的异质性，从而明确学前教育的重要价值，为财政干预提供必要依据。

下篇：第十一章至第十四章。其中，第十一章主要分析当前我国国家层面和地区层面所实施的学前教育财政支持政策。第十二章基于历年《中国教育经费统计年鉴》，分析全国和各地区城乡学前教育的财政投入规模、结构以及生均财政投入水平。第十三章主要从实证角度考察财政投入对城乡学前教育普及率和硬件设施、师资建设水平的影响。第十四章是结论和建议部分，提出研究结论和完善我国城乡学前教育体系、优化财政保障机制的相关建议，以期为推动我国学前教育高质量、均等化发展提供理论和实践参考。

第五章 创新之处

本书的创新之处体现在以下几个方面。

一、深入剖析城乡之间的学前教育差距,并讨论其对城乡儿童早期发展的影响

已有研究更加关注区域之间和不同类型学前教育机构之间的发展差距,而缺少对城乡之间学前教育差距的比较。现实中,在我国城乡二元体制的背景下,学前教育资源配置在城乡之间一直存在较大差距,对其进行深入分析可以为有效缩小城乡差距提供依据。

以往学者多关注学前教育和儿童未来的发展,但对两者关系的讨论尚显不够。儿童发展关系到国家的持久繁荣。脑科学专家的研究显示,学前教育是促进儿童未来发展非常重要的举措,早期的教育投资会改变大脑回路和神经通路的结构和功能,对儿童的健康发育、认知水平、社交能力、性格养成等都有着非常积极的作用,进而对其未来的学业、事业、身心健康等也会产生极大影响。从学前教育的角度探讨城乡儿童早期发展具有非常重要的现实意义,能够为推进学前教育的高质量发展进而更加科学地促进城乡儿童早期发展提供合理的政策依据。

我国学前教育体系发展不平衡不充分问题突出,农村地区儿童起点陷入劣势的现象较为普遍,这对实现社会公平、推动人类共同进步极为不利。由此,有效补齐农村地区学前教育短板、探索适宜的政策干预路径就显得尤为紧迫和必要,而这也正是本书相关研究的核心所在。

二、对学前教育影响儿童发展的路径和异质性进行深入研究

要分析学前教育的影响,就应明确其影响路径和异质性,以有针对性地优化城乡学前教育体系,促进城乡学前教育的质量提升。以往对学前教育的影响评估大多以描述性分析为主,有限的实证分析也仅停留在对整体影响效果的评价上,缺少对影响路径的探索以及对不同地区和不同家庭儿童的异质性讨论,而这也正是本书相关研究的重要创新所在。

三、从财政保障视角探讨提升学前教育质量的路径

学前教育对人的一生发展极为重要,对促进儿童发展、提高整个社会的人力资本积累和提高国家未来的竞争力意义重大。由此可见,对学前教育的投资具有明显的正外部性和社会投资属性,需要国家、社会和家庭的共同参与。已有研究多从制度建设、师资建设等角度讨论提高学前教育质量的举措,从财政保障视角进行提高学前教育质量的研究则较为有限。因此,本书从财政保障这一视角开展研究,从而为推动城乡学前教育更高质量、更加公平的发展提供了更加科学有效和系统化的思路。

中篇
ZHONGPIAN

学前教育对城乡儿童发展的影响研究

第六章　城乡学前教育及儿童发展差距的现状分析

第一节　城乡学前教育发展情况

一、全国城乡幼儿园总数及地区分布

(一) 历年全国城乡幼儿园总数

这些年来，我国幼儿园数量逐年增长，其中城镇幼儿园的扩张趋势尤为明显（图6-1）[①]。2001—2021年，全国幼儿园总数由111 706所逐年增加至294 832所，增长至2001年的2.64倍，特别是2010年以后增长更快，年均增加1.3万所幼儿园，为适龄儿童顺利入园提供了基本保障。总体来看，城镇幼儿园的数量变化与全国幼儿园的数量变化基本保持一致，前者也是自2010年起快速扩张，经过7年左右其总数翻了一番，超过16万所，至2021年已接近20万所；农村幼儿园数量的总体变化趋势则较为平稳，其中2001—2010年基本呈缓慢增加趋势（年均增加2 065所），自2011年起急剧减少（相比2010年，2011年全国净减少了1.29万所农村幼儿园），随后又以年均5 250所的规模逐年增加，至2017年达到9.02万所，随后增速放缓，其中2021年农村幼儿园的数量减少了2 929所。

---

① 本章除特殊标注外，其他数据均来源于《中国教育统计年鉴》和《全国教育事业发展统计公报》等，后续不再一一标注。

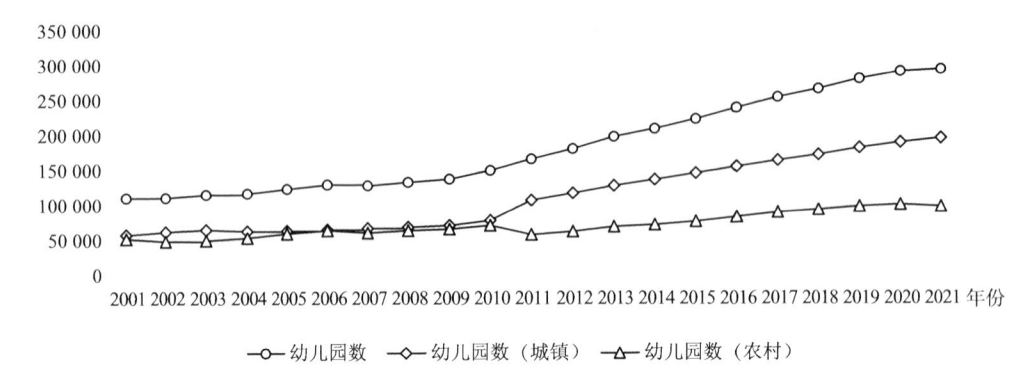

图 6-1　2001—2021 年我国幼儿园数量（单位：所）

（二）全国各地区幼儿园分布情况

总体而言，我国东部地区的幼儿园数量较多，西部地区的幼儿园数量较少。从 2021 年全国各地区的幼儿园数量来看，各地区幼儿园的分布差异较大，从 1 000 余所到 2 万余所不等，这与各地的人口规模、人口年龄结构、不同地区对学前教育的重视程度不同等因素有关。具体而言，山东省的幼儿园数量最多；接下来是河南、广东、河北、湖南、江西、广西、云南、四川、安徽、贵州等地，其幼儿园数量均超过 1 万所；青海、宁夏等地的幼儿园数量则较少，均不足 2 000 所。

数据显示，大部分省级行政区的城镇幼儿园增长数量超过其城镇人口的扩张规模（图 6-2）。整体看，大部分地区城乡幼儿园数量之比均超过城乡人口数之比[①]，特别是上海、吉林、黑龙江等地更加明显。这意味着城镇幼儿园数量的扩张远超过城镇人口数量的扩张，说明城镇地区对学前教育的重视程度更高，投入力度更大。

---

① 由于缺少各地区 3~5 岁年龄段城乡人口数的统计，笔者在此假定各年龄段人口分布均匀，并采用城乡总人口数进行分析。

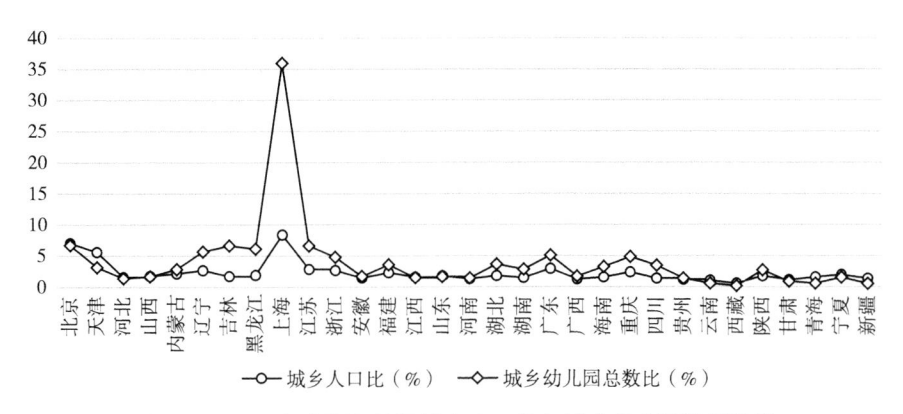

图 6-2 2021年全国各地区城乡人口数与城乡幼儿园数量比较

二、城乡幼儿园办学条件

(一) 全国城乡幼儿园办学条件

1. 园所规模

从全国范围来看，幼儿园在园人数基本保持稳定，城镇幼儿园园均在园儿童数量正逐步超过农村幼儿园。同时，前者在逐年平稳增长之后略有回落，后者则逐年萎缩；此外，在班人数与在园人数的表现基本一致（图6-3）。整体而言，我国幼儿园平均在园人数基本稳定在180人左右，2003—2006年略有下降，2010—2013年略有回升，随后持续下降，至2021年平均在园幼儿数量为163人；城镇幼儿园在园人数呈先增长后缓慢下降的态势，2001—2004年，平均在园人数约170人，低于同期农村幼儿园在园人数，2005年起逐年增加，超过同期农村幼儿园，2011年达到最多（在园人数超过220人），而后逐年回落，至2021年为198人；农村幼儿园的在园儿童数量则逐年萎缩（2002年除外），由2001年的园均197人下降至2021年的93人。从幼儿园班级规模来看，城镇幼儿园始终超过农村幼儿园，两者变化的趋势则基本一致：2001—2010年缓慢增长，2011年出现下降拐点，2012年后回升并保持稳定，城镇幼儿园班均30人，农村幼儿园班均 26 人；随后年份均持续下降，2021 年，城镇幼儿园班均 28 人，农村幼儿园班均 23 人。

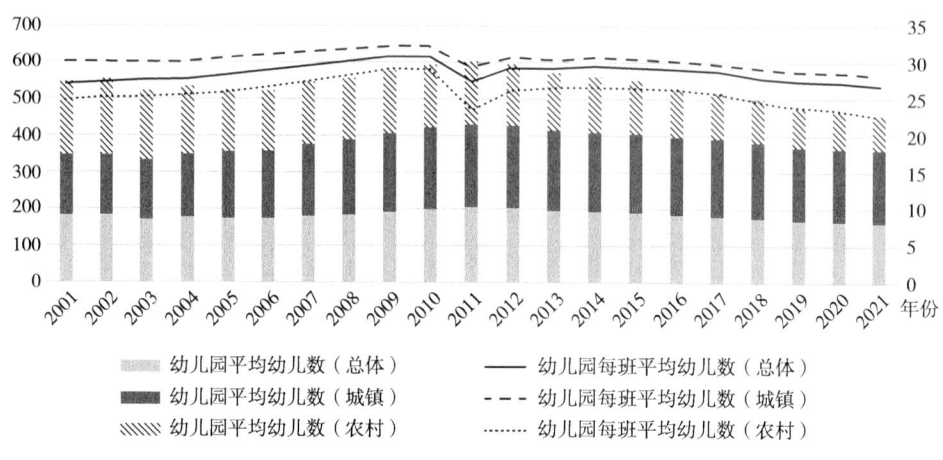

图 6-3 2001—2021 年全国城乡学前教育在园（左轴）/ 在班（右轴）平均幼儿数（单位：人）

2. 硬件设施

城乡学前教育硬件设施逐年改善，城乡差距逐年缩小。从活动室看（图 6-4），2001—2021 年，生均活动室面积从 1.16 平方米逐步增加到 3.75 平方米，其中城镇幼儿园从 1.75 平方米增加到 3.82 平方米，农村幼儿园从 0.6 平方米增加到 3.5 平方米；城乡生均活动室面积比由 2.92∶1 下降到 1.09∶1，城乡差距大幅缩减。从睡眠室看，生均睡眠室面积从 2001 年的 0.5 平方米逐步增加到 2021 年的 1.51 平方米，其中城镇幼儿园从 0.87 平方米增加到 1.17 平方米，农村幼儿园从 0.14 平方米增加到 1.37 平方米；城乡生均睡眠室面积比由 6.21∶1 下降到 0.85∶1，农村幼儿园的生均睡眠室面积超过城镇。从运动场地看，生均运动场地面积从 2001 年的 2.55 平方米增加到 5.47 平方米，其中城镇幼儿园从 3.39 平方米增加到 5.08 平方米，农村幼儿园从 1.77 平方米增加到 7.14 平方米，并从 2014 年起超过城镇幼儿园。

第六章 城乡学前教育及儿童发展差距的现状分析

[图表：2001—2021年城乡学前教育办学条件柱状图]

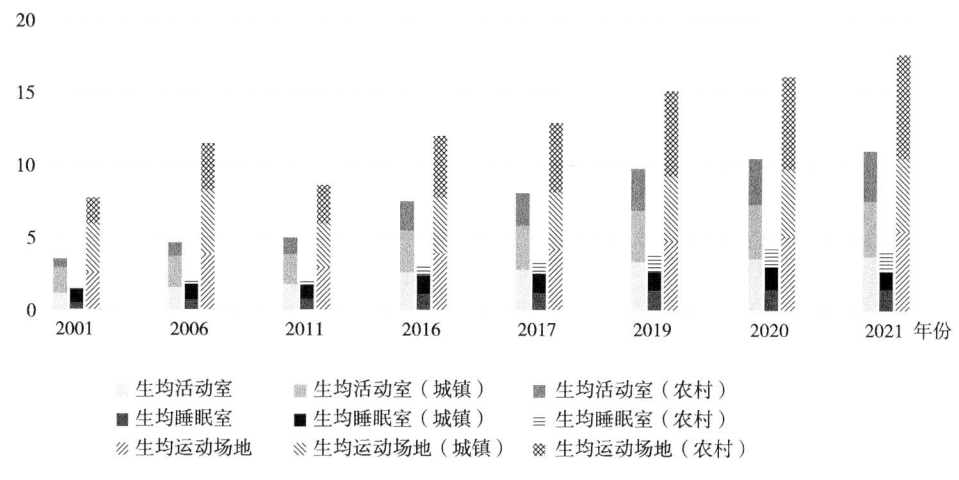

生均活动室　　　生均活动室（城镇）　　　生均活动室（农村）
生均睡眠室　　　生均睡眠室（城镇）　　　生均睡眠室（农村）
生均运动场地　　生均运动场地（城镇）　　生均运动场地（农村）

图 6-4　2001—2021 年全国城乡学前教育办学条件（单位：平方米）

从保健室看（图 6-5），2001—2020 年，生均保健室面积逐年增长，从 0.05 平方米增加到 0.17 平方米，2021 年则下降至 0.15 平方米。2001—2020 年，城镇幼儿园生均保健室面积从 0.08 平方米增加到 0.15 平方米，2021 年下降至 0.14 平方米。2001—2020 年，农村幼儿园生均保健室面积从 0.03 平方米增加到 0.22 平方米，2021 年下降至 0.19 平方米。2015 年之前，农村幼儿园生均保健室面积始终低于城镇幼儿园；2015 年之后，前者逐年超过后者。从图书室和图书册数来看，我国生均图书室面积逐年增加，图书册数逐年增多，由 2001 年的生均 0.06 平方米、2.07 册增加到 2020 年的 0.25 平方米、9.73 册。总体来看，我国城镇幼儿园和农村幼儿园的图书室面积均呈逐年增加的趋势。其中，2001—2017 年，城镇幼儿园生均图书室面积大于农村幼儿园；2018—2021 年，农村幼儿园生均图书室面积超过城镇幼儿园。城镇幼儿园和农村幼儿园的图书册数也均呈逐年增加的趋势，但前者始终优于后者，不过差距有所减少。2001 年，城乡生均图书室面积比是 2.67∶1、城乡生均图书册数比是 3.37∶1；2017 年，城乡生均图书室面积比是 1.01∶1，城乡生均图书册数比是 1.5∶1；2020 年，城乡生均图书室面积比是 0.85∶1；2021 年，城乡生均图书册数比是 1.17∶1。

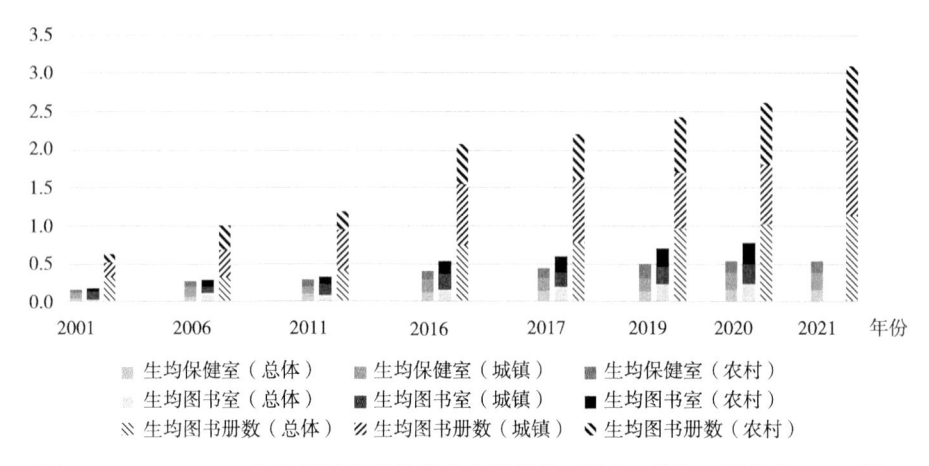

图 6-5 2001—2021 年全国城乡学前教育办学条件（续）（单位：平方米、×10 册）

（二）各地区城乡幼儿园办学条件

1. 园所规模

就幼儿园的在园儿童数量和班级规模而言，各地区呈现较大差异：发达地区幼儿园的园均在园儿童数量较多、城乡差距较小，欠发达地区幼儿园的园均在园儿童数量较少、城乡差距较大；班级规模因地区差异而有所不同，欠发达地区的幼儿园班级规模较大，城乡差距也较大（图 6-6）。从整体在园儿童数量看，北京、上海、江苏等地幼儿园的园均在园儿童数量较多，平均在园人数分别是 283 人、330 人、311 人；辽宁、黑龙江和西藏等地幼儿园的平均在园儿童数量较少，在园人数不足 100 人。从城乡在园儿童数量看，全国各个地区的城镇幼儿园在园儿童数量均超过农村幼儿园，其中西藏、甘肃等地的城乡幼儿园在园儿童数量差别较大，其城乡在园儿童数量之比分别达到 5.59∶1、4.38∶1，上海、海南等地的城乡在园儿童数量差距则较小。从幼儿园的班级规模来看，江苏等地的幼儿园班级规模较大，平均班级人数超过 30 人；东北地区幼儿园的班级规模较小，约为 20 人左右。从城乡幼儿园的班级规模看，全国各个地区的城镇幼儿园班级规模均超过农村幼儿园，其中山西、西藏、甘肃、青海、内蒙古等地的城乡幼儿园班级规模差距较大,城乡比均超过 1.5∶1;北京、辽宁、上海、江苏、浙江、海南等地的城乡比则接近 1∶1,表明这些地区的城乡幼儿园班级规模无明显差异。

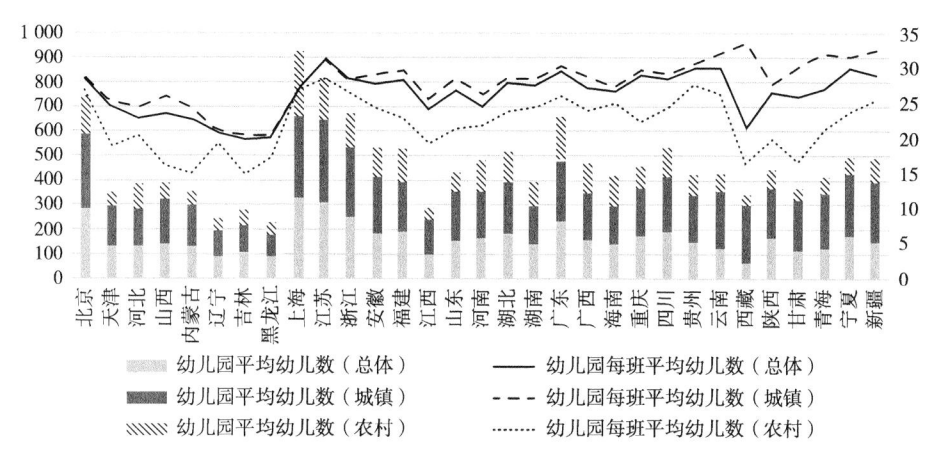

图 6-6 2021 年全国各地区城乡学前教育在园(左轴)/在班(右轴)平均幼儿数(单位:人)

2. 硬件设施

国内各个地区的幼儿园在硬件设施等方面存在一定差异,城乡之间幼儿园的硬件设施条件差异在各地区亦存在明显不同。其中,从活动室看(图 6-7),上海、江苏、内蒙古等地的生均活动室面积最大,分别达到 4.95 平方米、4.81 平方米和 4.71 平方米;云南、甘肃、广西等地的生均活动室面积最小,分别是 3.09 平方米、2.64 平方米和 3.03 平方米,生均活动室面积最大的上海是面积最小的甘肃的 1.9 倍。就各地区城乡幼儿园活动室的差距而言,广西最为突出,其城乡幼儿园生均活动室面积比达到了 1.45∶1;接下来是广东、河北等地,其城乡差距分别是 1.4 和 1.25;江苏、黑龙江、天津、山西、北京、吉林等地的农村幼儿园生均活动室面积则都超过其城镇地区。

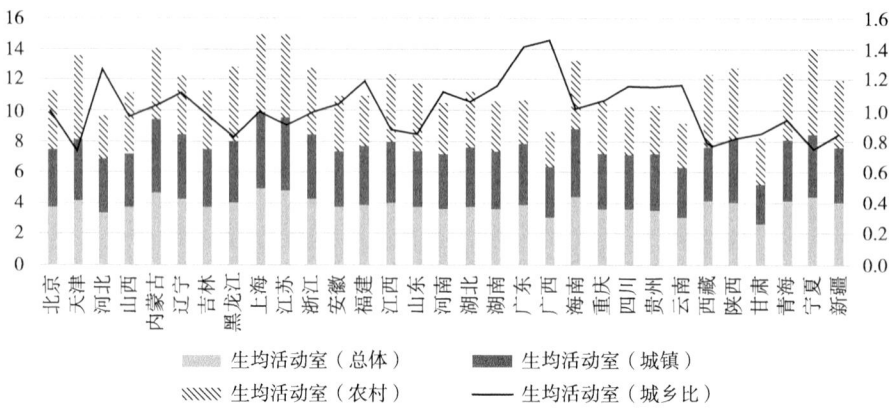

图 6-7　2021 年全国各地区城乡学前教育办学条件比较——
生均活动室面积（单位：平方米）

注：城乡比＝城镇学前教育生均活动室面积/农村学前教育生均活动室面积，下同。

从睡眠室看（图 6-8），湖南、海南和新疆的生均睡眠室面积较大，为 1.93 平方米、1.93 平方米和 2.45 平方米，山西和甘肃的生均睡眠室面积较小，面积最大的新疆是面积最小的甘肃的 2.53 倍。就各地区城乡幼儿园睡眠室的差距而言，河北最明显，其城镇和农村幼儿园生均睡眠室分别是 1.43 平方米和 0.8 平方米，城乡比达到了 1.79∶1，接下来是甘肃，其城乡差距超过 1.6 倍，而上海、江苏、浙江、宁夏、新疆等地的农村幼儿园生均睡眠室面积超过城镇，辽宁、湖北和青海等地区则没有明显城乡差距。

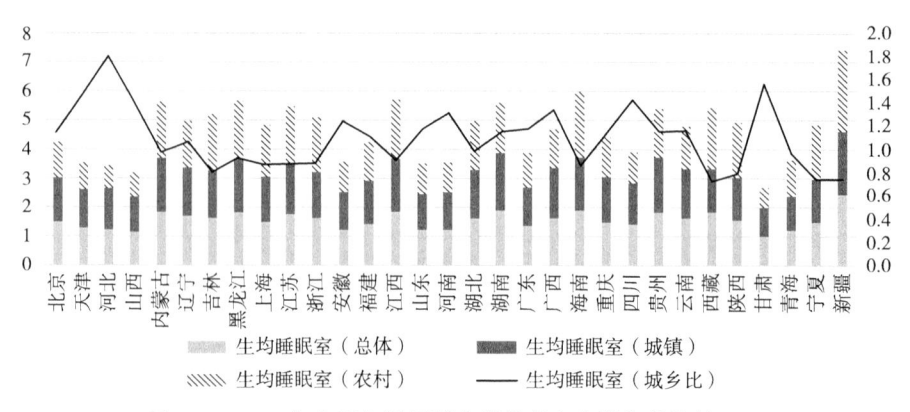

图 6-8　2021 年全国各地区城乡学前教育办学条件比较——
生均睡眠室面积（单位：平方米）

第六章 城乡学前教育及儿童发展差距的现状分析

从运动场地看（图6-9），内蒙古、新疆和江苏等地的生均运动场地最大，其面积分别是9.37平方米、9.75平方米和7.91平方米；重庆、四川和广西等地的生均运动场地最小，其面积分别是4.08平方米、4.11平方米和3.66方米；其中，生均运动场地面积最大的新疆是最小的广西的2.7倍。就各地区城乡幼儿园运动场地的情况而言，我国大部分地区的城镇幼儿园运动场地面积都小于农村幼儿园。其中，内蒙古、吉林、黑龙江、甘肃、青海等地的城镇幼儿园生均运动场地面积不及农村幼儿园的一半，仅广西的城镇幼儿园运动场地面积略超过其农村幼儿园。

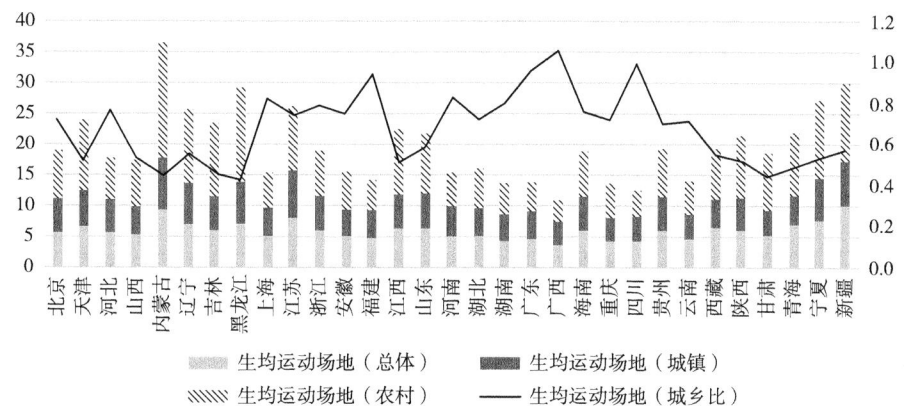

图6-9 2021年全国各地区城乡学前教育办学条件比较——生均运动场地面积（单位：平方米）

从保健室情况来看（图6-10），黑龙江、西藏和新疆等地的生均保健室面积最大，分别达到了0.25平方米、0.21平方米和0.22平方米；青海、广东和四川等地的生均保健室面积最小，分别为0.10平方米、0.11平方米和0.11平方米；其中，生均保健室面积最大的黑龙江是面积最小的青海的2.5倍。就各地区城乡幼儿园保健室的情况而言，仅上海市的城镇幼儿园生均保健室面积与其农村幼儿园接近，大部分地区的城镇幼儿园生均保健室面积则都小于农村幼儿园。同时，天津、江苏、宁夏、新疆等地的城镇幼儿园生均保健室面积仅为这些地区农村幼儿园的一半左右。

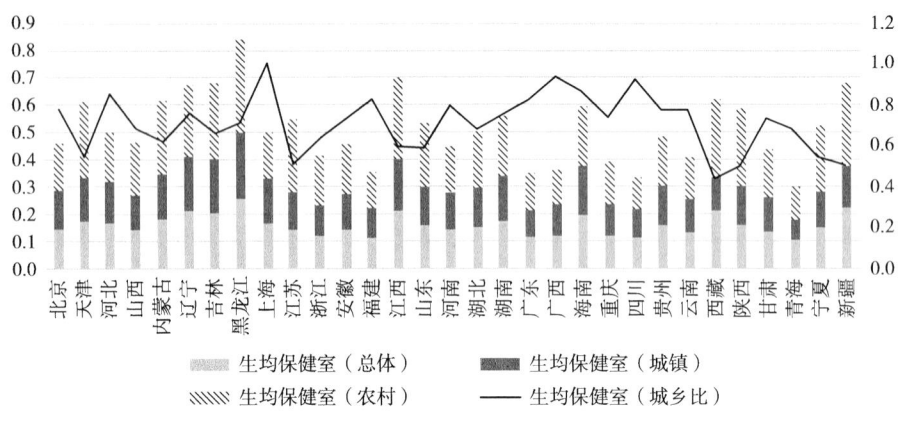

图 6-10　2021 年全国各地区城乡学前教育办学条件比较——
生均保健室面积（单位：平方米）

从图书册数看（图 6-11），各地区幼儿园的差别较大：陕西和江苏两地的幼儿园生均拥有图书数量约为 17 册和 19 册；接下来是北京和浙江两地，分别是 15 册和 16 册；西藏和新疆地区的幼儿园生均拥有图书册数较少，分别是 6 册和 5 册；其中，生均拥有图书册数最多的江苏和最少的新疆相差约 14 册，前者是后者的 3.8 倍。就各地区城乡幼儿园拥有的图书册数的差别来看，除内蒙古、辽宁、吉林、黑龙江、江苏、安徽、江西、湖北和陕西外，其余各地的城镇幼儿园生均拥有图书册数均超过农村幼儿园。

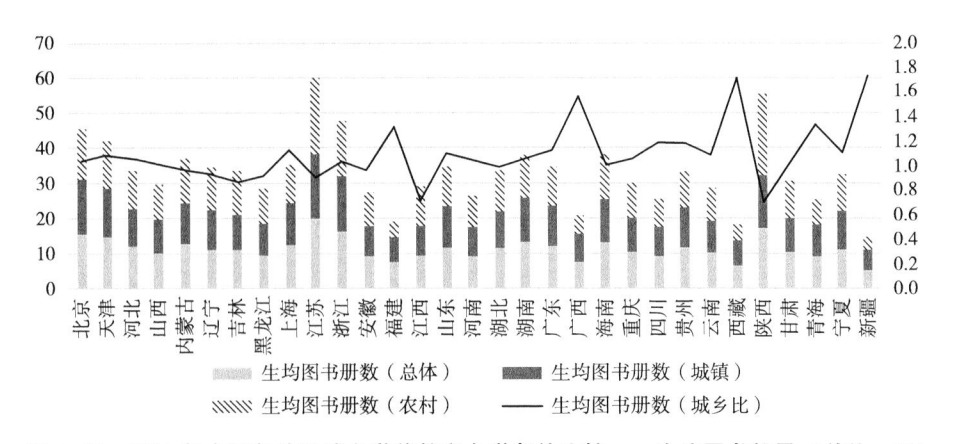

图 6-11　2021 年全国各地区城乡学前教育办学条件比较——生均图书数量（单位：册）

其中，新疆、西藏等地的城乡差距较大，分别达到了1.72∶1和1.70∶1；接下来是广西，其城乡差距约为1.6∶1；北京、河北等地的幼儿园中生均拥有的图书册数则不存在明显的城乡差距。

三、城乡幼儿园师资情况

(一) 全国城乡幼儿园师资情况

从全国范围看，学前教育专任教师数量逐年增加，但农村地区仍存在较大缺口（图6-12）。2001—2021年，师幼比从1∶37变为1∶15，这意味着1名专任教师过去需要负责37名儿童，现在则只用负责15名儿童。应当说，幼师工作量的适当降低，对提升幼儿园管理、促进幼儿的成长有很大益处。其中，城镇幼儿园师幼比从1∶23变为1∶14，变化幅度较小；农村幼儿园师幼比从1∶83变为1∶20，变化幅度较大。但必须看到，农村幼儿园的师资数量仍远远落后于城镇幼儿园：在城镇幼儿园中，1名幼师负责14名幼儿，而农村幼师却要负责20名幼儿。现实中，农村幼师工作负荷重、工资待遇低，导致其流失严重，从而进一步增加了留任人员的工作负荷。

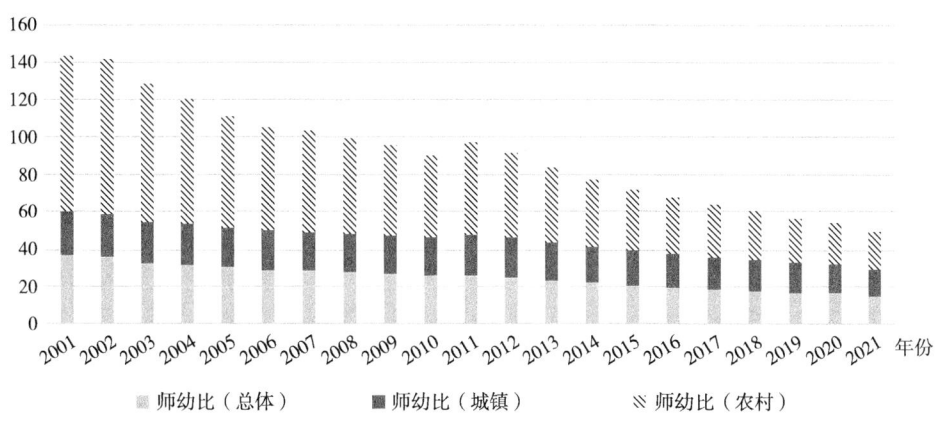

图6-12 2001—2021年全国城乡学前教育师资比较——师幼比

注：为直观比较师幼比变动趋势，故而图6-12中显示的数据为一个幼师对应的幼儿数，下同。

保健医数量远远不足，部分幼儿园缺少保健医，农村幼儿园的缺口更严重（图6-13）。2011—2021年，保健医与在园儿童数量比从1∶582变为1∶285。虽然相对幼儿数而言，保健医的数量有所增加，但1名保健医仍要负责285名儿童的医疗保健，其工作负荷仍然大，并因此影响了医疗保健质量。从城乡差距看，城镇幼儿园中1名保健医由2011年负责474名儿童减少至2021年负责263名儿童；农村幼儿园中的1名保健医则由2011年负责1 307名儿童减少至2021年负责442名儿童，其工作负担仍明显比城镇幼儿园要重。上述数据意味着，即便在城镇，假如按园均200名儿童来计算，也不能保证所有幼儿园均有保健医；而在农村，假如按园均100名儿童来计算，则平均4所幼儿园才有1名保健医，即大部分幼儿园根本没有条件配备保健医。

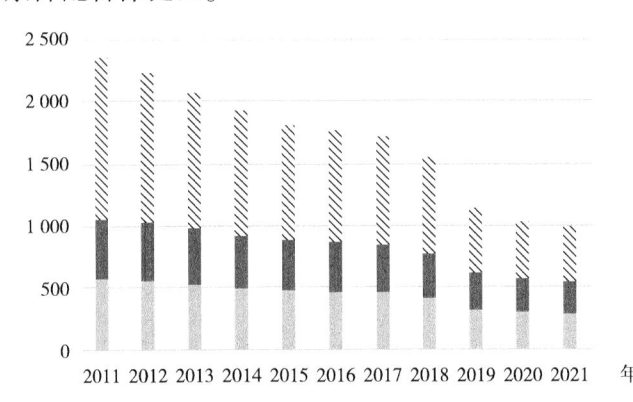

图6-13　2001—2021年全国城乡学前教育师资比较——保健医∶幼儿数

注：因2001—2010年保健医统计数据缺失，故在此只分析2011—2021年的保健医情况。为直观比较保健医∶幼儿数变动趋势，故图中显示的数据为一个保健医对应的幼儿数，下同。

虽然我国的保育员数量呈逐年增加之势，但农村幼儿园的保育员数量仍显不足（图6-14）。2001—2021年，保育员与在园儿童的数量比从1∶398变为1∶39。其中，城镇幼儿园的保育员与在园儿童数量之比从1∶222变为1∶37，农村幼儿园的保育员与在园儿童数之比从1∶1 539变为1∶56。尽管农村幼儿园保育员的数量增长幅度远远超过城镇，但其总量仍显不

第六章 城乡学前教育及儿童发展差距的现状分析

足：1 名保育员平均要负责 56 名儿童在园期间的起居生活及部分辅助教学活动，工作明显超负荷。

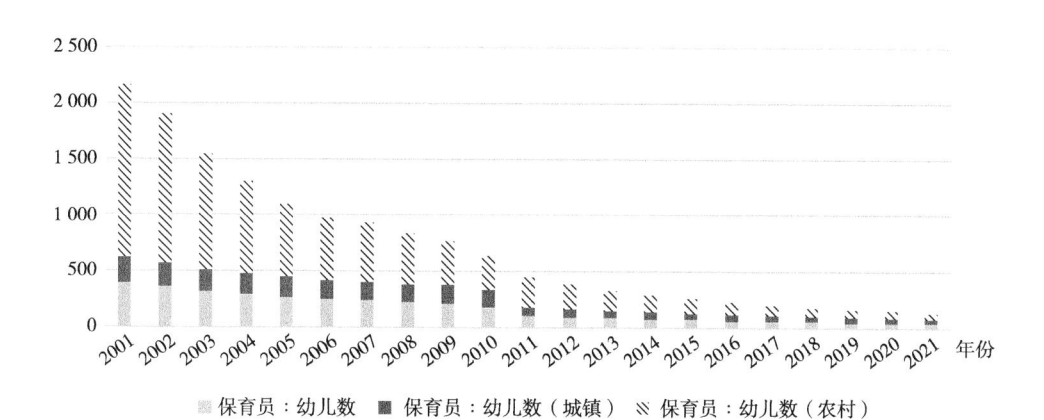

图 6-14　2001—2021 年全国城乡学前教育师资比较——保育员：幼儿数

注：为直观比较保育员：幼儿数的变动趋势，故而图 6-14 中显示的数据为一个保育员对应的幼儿数，下同。

幼儿园师资队伍的专业素质逐年改善，具有专科学历的教职工已占大多数，本科及以上学历的教职工占比也在逐年提高，高中及以下学历的教职工比例则逐年缩减（图 6-15）。从师资队伍的学历构成看，2020 年，专科毕业的教职工仍占多数（57.73%），接下来是本科毕业和高中毕业，分别占 27.72% 和 12.89%；高中以下和研究生毕业的占比则较低，分别为 1.36% 和 0.30%。此外，城镇幼儿园各学历构成与全国的整体情况相似；农村幼儿园中的高中及高中以下占比则略高，分别为 21.27% 和 3.12%。2001—2020 年，我国幼儿园中的本科及以上学历的教职工占比由 2.36% 提高至 28.02%，其中城镇幼儿园由 2.92% 提高至 29.65%，农村幼儿园由 0.49% 提高至 19.87%；高中及以下学历的教职工占比由 68.04% 下降至 14.25%，其中城镇幼儿园由 63.29% 下降至 12.23%，农村幼儿园由 83.6% 下降至 24.38%。

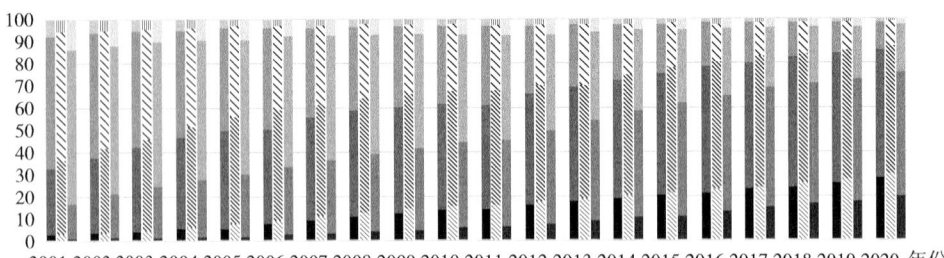

图 6-15　2001—2021 年全国城乡学前教育师资总体学历占比情况（单位：%）

总体而言，我国幼儿园园长的学历水平（专科学历占多数）高于幼儿园师资队伍的整体水平，其中，本科及以上占比亦超过教职工整体水平，高中及以下占比则较低，同时高学历人才比重正逐年提升（图6-16）。2020年，专科毕业的园长仍占多数（50.09%）；接下来是本科毕业和高中毕业，分别占41.56%和6.72%；高中以下和研究生毕业则占比较低，分别为0.60%和1.04%；本科及以上占比为42.6%，超过教职工整体水平（28.02%）。其中，城镇幼儿园园长的各学历构成与全国整体情况相似，其高学历人才占比略超过教职工整体水平；农村幼儿园园长中的高中及高中以下占比略高，分别为10.10%和1.12%。2001—2020年，我国本科及以上学历的园长占比由5.92%提高至42.60%。其中，城镇幼儿园由7.54%提高至45.9%，农村幼儿园由1.32%提高至32.31%。高中及以下学历的园长占比由58.36%下降至7.32%。其中，城镇幼儿园由52.66%下降至6.06%，农村幼儿园由74.53%下降至11.23%。

幼儿园专任教师的学历水平有待提升：目前是专科毕业占多数，专任教师的专业素质正在逐年改善之中，但其学历水平仍低于教职工整体水平（图6-17）。2001年，专科毕业的专任教师占比为58.52%。2020年，专

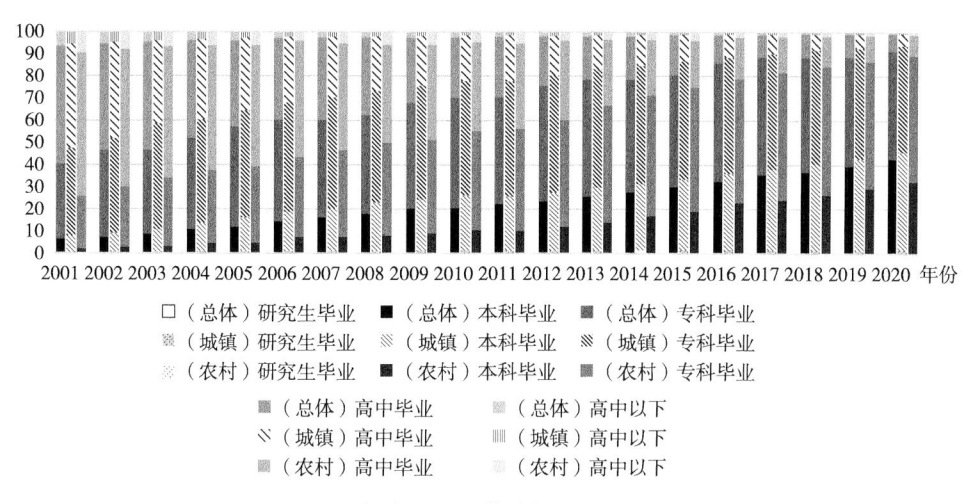

图 6-16　2001—2021年全国城乡学前教育园长学历情况（单位:%）

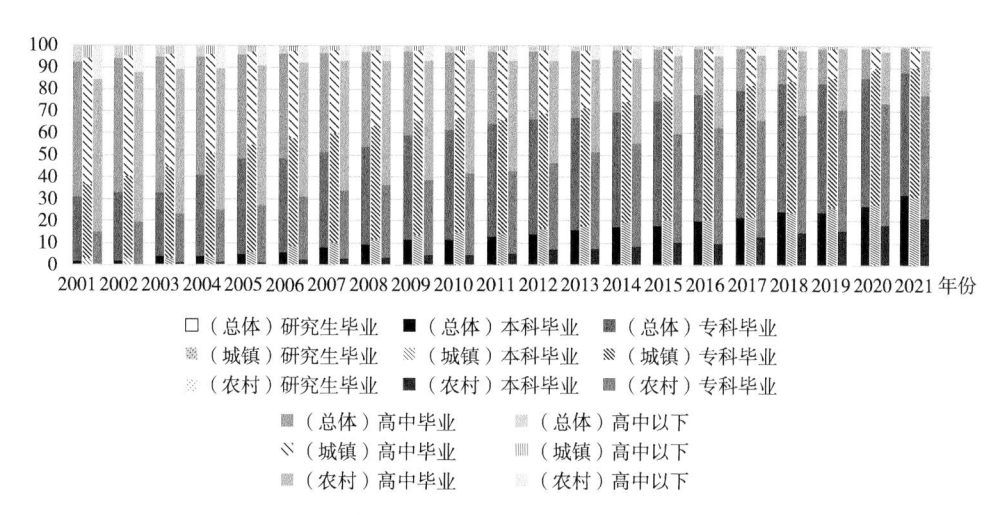

图 6-17　2001—2021年全国城乡学前教育专任教师学历情况（单位:%）

科毕业专任教师占比为58.54%，略高于教职工整体水平（57.73%）；接下来是本科毕业和高中毕业，分别占比26.25%（低于教职工整体水平的27.72%）、13.54%（高于教职工整体水平的12.89%）；高中以下占比1.44%（高于教职工整体水平的1.36%），研究生占比0.22%（低于教职工整体水平的0.30%），本科及以上占比26.47%（比教职工整体水平低1.55个百分点）。此外，城镇幼儿园专任教师中本科及以上占比30.66%，

较 2001 年提高了 28.42 个百分点；农村幼儿园专任教师中本科及以上占比 20.99%，较 2001 年提高了 20.64 个百分点。

(二) 各地区城乡幼儿园师资情况

各地区幼师工作负荷差别较大，城乡师幼比各地区表现不一（图 6-18）。其中，广西、云南等地的幼师工作负荷相对更重，平均 1 名专任教师负责超过 20 名儿童；北京、上海、天津等地的幼师数量则较为充裕，平均 1 名专任教师负责少于 13 名儿童。从城乡差距看，除新疆外，其他地区农村幼师的工作负荷均普遍超过城镇幼儿园。其中，城乡差距最大的是四川等地，平均 1 名农村幼儿园专任教师要负责至少 30 名儿童，远超其城镇幼儿园的教师负荷；而在北京、上海、浙江等地，城乡师幼比的差距则较小。

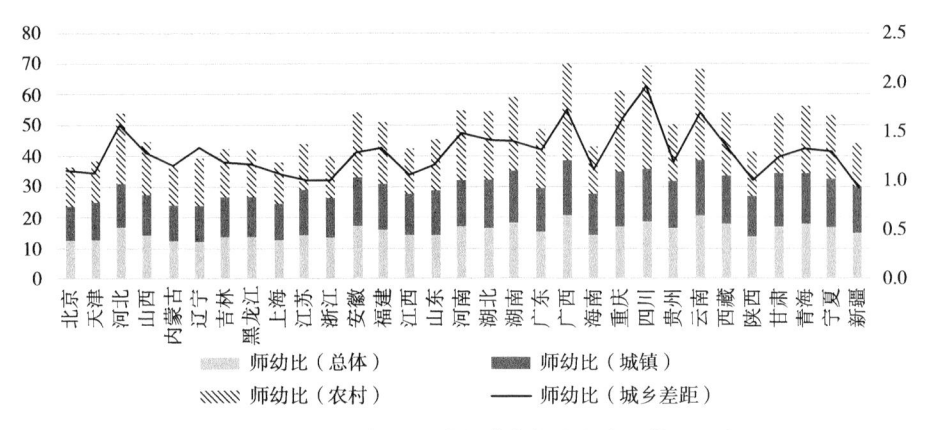

图 6-18　2021 年全国各地区城乡学前教育师资比较——师幼比

各地区的保健医数量均不充足，大部分地区都不能保证为每所幼儿园配备保健医。其中，甘肃、青海、西藏和新疆等地的保健医缺失尤为严重（图 6-19）。2021 年，北京地区平均 1 名保健医负责约 114 名儿童，基本保证每个幼儿园都至少有 1 名保健医，其他省份则无法保证这一点。其中，在西藏地区，1 名保健医须负责 4 700 余名儿童；在青海地区，1 名保

第六章 城乡学前教育及儿童发展差距的现状分析

健医须负责1 100余名儿童，这意味着上述地区平均每10~20所幼儿园才有1名保健医，数量严重不足，农村幼儿园中的此类问题更加突出。相比之下，上海、浙江等地的城乡差距则较小。

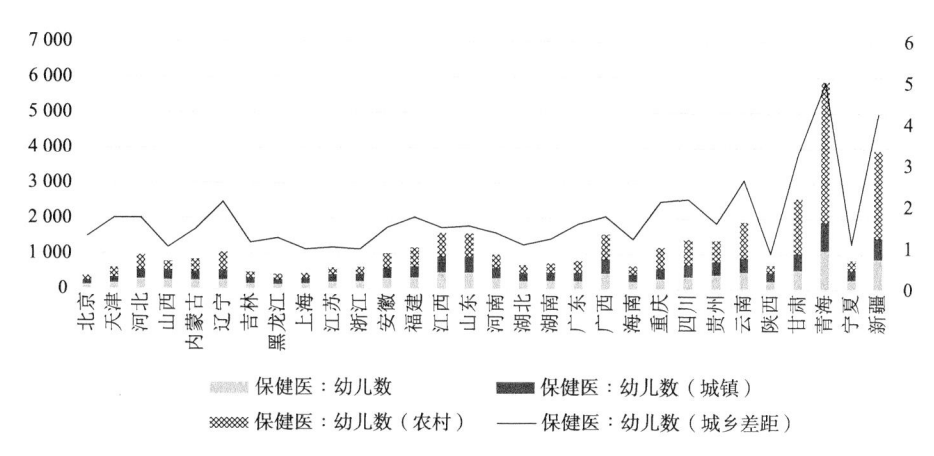

图6-19 2021年全国各地区城乡学前教育师资比较——保健医：幼儿数

注：由于西藏地区数据畸高，为清晰比较各地之间关系，故图中剔除该地区数据。图6-20同。

总体看，我国各地区城乡幼儿园的基本配备中至少有1名保育员，但地区间的数量差别较大（图6-20）。在大部分地区，保育员与在园儿童数量比均在1∶100范围内，但西藏地区的保育员与在园儿童数量之比则是1∶425。仅从保育员的数量规模初步判断，除西藏地区外，我国其他地区的幼儿园中均能保证至少有1名保育员。其中，北京、天津、辽宁、吉林、黑龙江等地的保育员与在园儿童数量比均在1∶30左右。按照园均200人的规模测算，这些地区的幼儿园均拥有6名保育员。从城乡差距看，西藏地区的城乡差距最明显，其农村幼儿园中基本没有保育员，上海、浙江、海南、陕西等地的城乡差距则最小。

各地区幼儿园师资的专业素质差距较大，且城镇幼儿园普遍好于农村幼儿园（图6-21）。北京、天津、上海、浙江、江苏等地幼儿园教职工中的本科及以上学历占比较高，分别达到了52%、54%、82%、53%、57%，江西等地幼儿园教职工中的本科及以上学历占比则约为

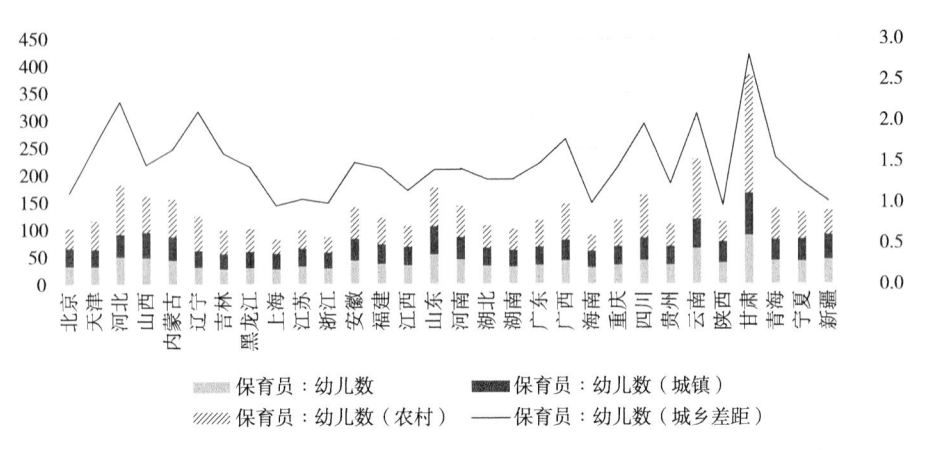

图 6-20　2021 年全国各地区城乡学前教育师资比较——保育员：幼儿数

10%。从城乡差距看，大多数地区的城镇幼儿园师资学历背景均好于农村幼儿园，其中北京、内蒙古等地的城乡幼儿园师资学历背景则较为接近。

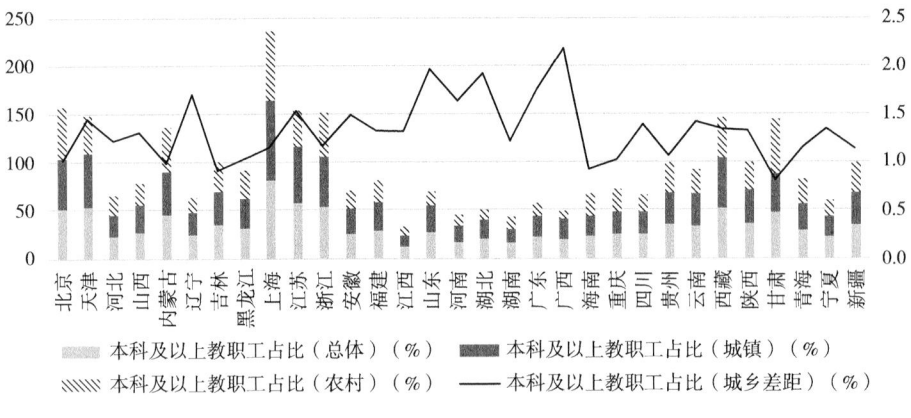

图 6-21　2021 年全国各地区城乡学前教育师资比较——教职工学历

第二节　城乡儿童学前教育获得情况

本书在分析城乡学前教育获得情况时采用了城乡学前儿童毛入园率这

一指标，毛入园率等于在园幼儿数与3~5岁人口数之比①，其计算结果见图6-22。结果显示，适龄儿童中接受学前教育的人数逐年提升，其中城镇的增长幅度更大。2001—2021年，全国适龄儿童在园人数从2 021.84万人增加至4 805.21万人，毛入园率从35.9%逐步提高至88.1%。同期城镇适龄儿童在园人数从976.38万人增加至3 888.19万人，毛入园率从65.31%提高到117.28%；农村适龄儿童在园人数从1 045.45万人先减少后增加至2010年的1 214.03万人，2011年又急剧减少至993.79万人，随后缓慢增加至2017年的1 135.58万人，接着又逐年下降至2021年的917.02万人，毛入园率则从33.53%提高至49.50%。经由上述统计可以大致推断，我国的城镇适龄儿童已全部接受了学前教育；而截至2021年底尚有一半的农村适龄儿童没有获得早期学前教育，这对农村儿童的发展极为不利，也拉大了城乡之间的发展差距。

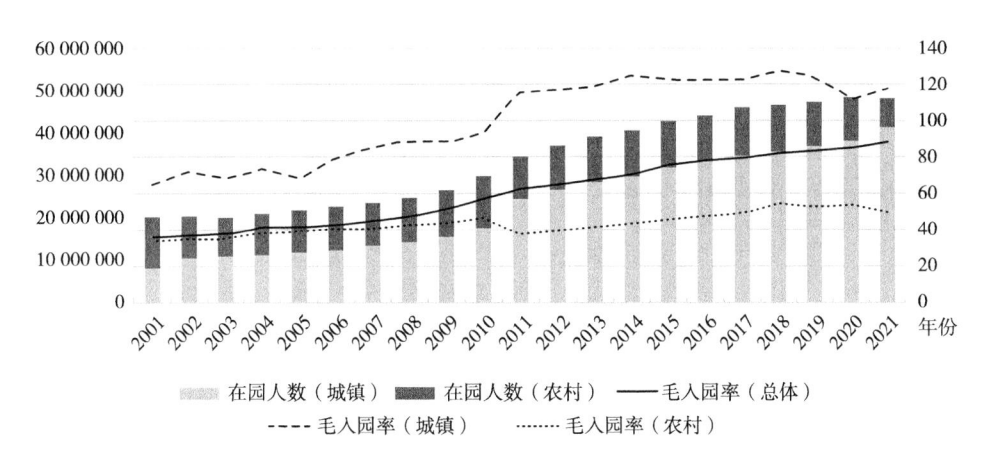

图6-22 2001—2021年全国城乡学前教育在园人数（左轴）及学前三年毛入园率（右轴）比较（单位：%，人）

注：城乡毛入园率依据《中国人口与就业统计年鉴》和《中国教育统计年鉴》计算而得。

---

① 毛入园率=在园人数/3~5岁人口数，在园人数可能包含小于3岁或大于5岁的儿童，因而毛入园率可能超过100%。

第三节 城乡儿童早期发展情况

一、城乡儿童学业表现情况

学业表现是评估儿童发展的重要指标之一，一般采用成绩、排名、是否担任班干部等进行衡量。为简便起见，在此笔者采用CFPS数据，仅从语文和数学成绩等级分布这两个维度来比较历年城乡在学儿童的学业表现。

在学儿童语文成绩表现向好的比重有所提高。其中，城镇在学儿童的语文成绩分布变化不大，农村在学儿童的语文成绩则有显著提升，城乡儿童语文成绩差距有缩小趋势（图6-23）。2010年，在语文成绩方面获得优秀的儿童占比为25.03%、成绩较差儿童的占比为9.82%。其中，城镇儿童中语文成绩获得优秀的占32.69%，成绩较差的儿童占5.92%；农村儿童中语文成绩获得优秀的占20.44%，成绩较差的儿童占12.16%。2020年，语文成绩获得优秀的儿童占29.99%，成绩较差的儿童占8.28%。其中，城镇儿童中语文成绩获得优秀的占33.11%，成绩较差的儿童占7.39%；农村儿童中语文成绩获得优秀的占27.45%，成绩较差的儿童占9.01%。

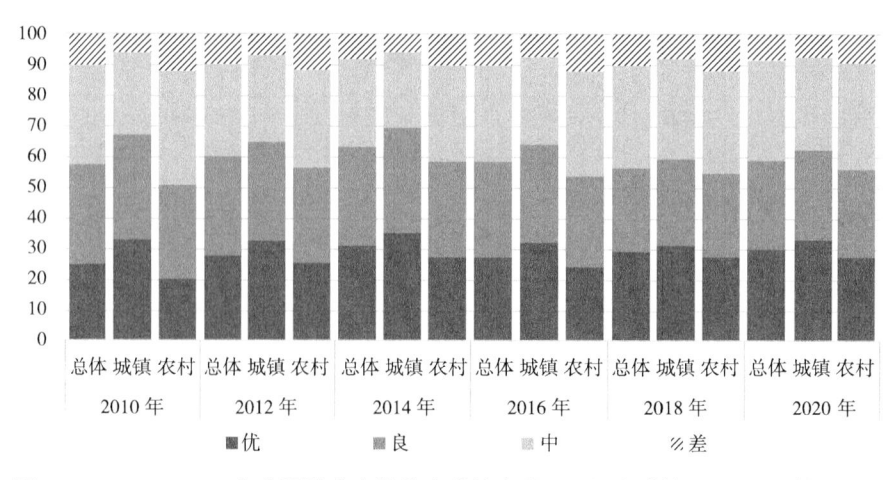

图6-23 2010—2020年全国城乡在学儿童成绩表现——语文成绩（CFPS，单位:%）

在学儿童数学成绩表现与语文成绩表现类似，整体发展趋势向好。其中，城镇和农村在学儿童数学成绩表现向好的比重均有提升，而农村儿童的成绩提升更加明显（图6-24）。2010年，数学成绩获得优秀的儿童占26.55%，成绩较差的儿童占13.27%。其中，城镇儿童中数学成绩获得优秀的占34.40%，成绩较差的儿童占9.18%；农村儿童中数学成绩获得优秀的占21.84%，成绩较差的儿童占15.72%。2020年，数学成绩获得优秀的儿童占33.54%，成绩较差的儿童占11.39%。其中，城镇儿童中数学成绩获得优秀的占37.95%，成绩较差的儿童占9.66%；农村儿童中数学成绩获得优秀的占29.96%，成绩较差的儿童占12.80%。

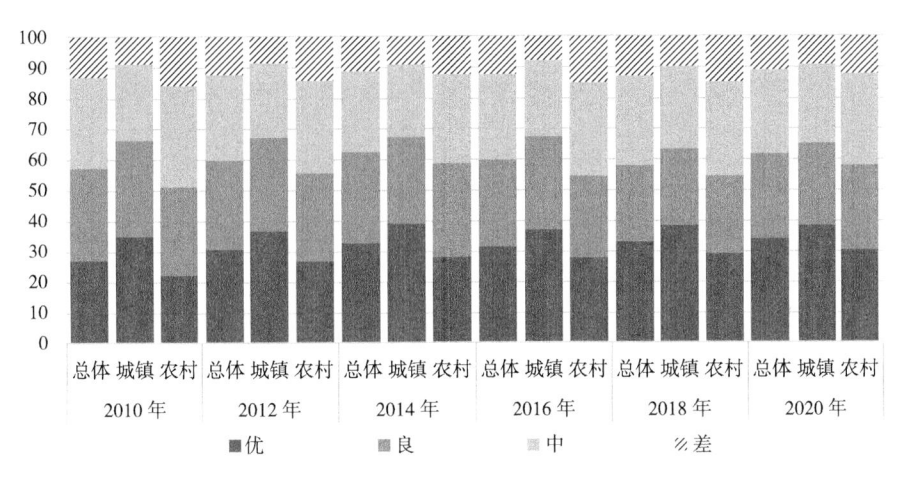

图6-24 2010—2020年全国城乡在学儿童成绩表现——数学成绩（CFPS，单位：%）

二、城乡儿童社交能力发展情况

在学儿童社交能力水平有下滑趋势。特别是，城镇在学儿童社交能力降低幅度较大（图6-25）。当然，城乡儿童社交能力差距也有明显缩小。2010年，所有在学儿童中社交水平在中等以上的占比为95.97%，2020年这一比例降至91.15%。这可能是因为在学儿童的课业负担和升学压力逐年增加，导致学校和家庭更加关注儿童成绩而忽视了儿童非认知能力的提升，需要引起学校和家庭等方面的高度关注。同期，城镇儿童中社交能力表现中等以上的占比从 96.93% 下降到 92.04%，表现好的占比从 42.07% 减少到 21.58%；农村儿童中社交能力表现中等以上的占比从 95.39% 下降到 90.48%，表现好的占比从 27.35% 减少到 21.83%。由此可以看出，城镇儿童社交能力表现的下降幅度更大。笔者认为，这与城镇家庭因过于关注孩子的成绩而"鸡娃"的做法有较大关联。对此，政府、学校和家庭等各方面都要深刻思考，在提升儿童成绩的同时还要兼顾非认知能力的培养，以促进儿童的全面发展。

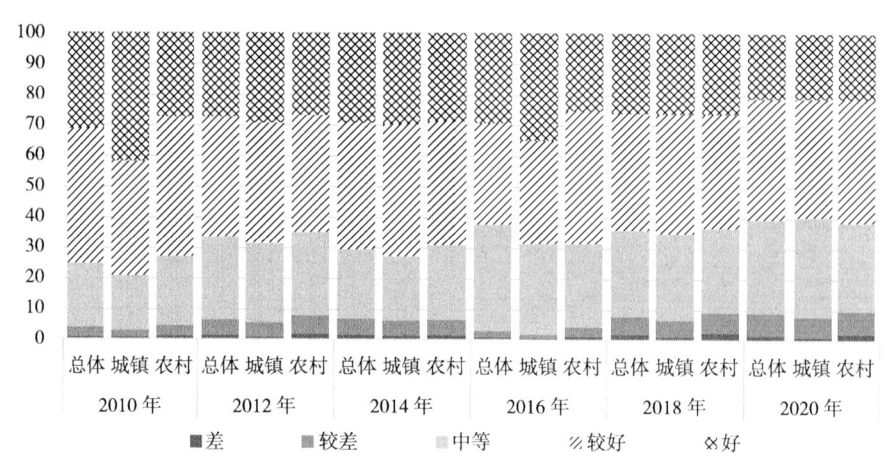

图 6-25 2010—2020 年全国城乡在学儿童社交能力表现（CFPS，单位：%）

三、城乡儿童身心健康情况

儿童整体健康状况有所下降。其中，城镇儿童健康水平的下降幅度超过农村（图 6-26）。2010 年，比较健康及以上的儿童占比 98.47%，非常健康者占比 74.70%，不健康者占比 0.23%。其中，城镇儿童中比较健康及以上者占比 98.85%，非常健康者占比 75.92%，不健康者占比 0.15%；农村儿童中比较健康及以上者占比 98.23%，非常健康者占比 73.97%，不健康者占比 0.28%，城乡健康儿童比例较为相近，农村中不健康儿童的比例略高于城镇。2020 年，比较健康及以上的儿童占比 97.41%，非常健康者占比 40.55%，不健康者占比 1.25%。其中，城镇儿童中比较健康及以上者占比 96.97%，非常健康者占比 39.79%，不健康者占比 1.36%；农村儿童中比较健康及以上者占比 97.73%，非常健康者占比 41.11%，不健康者占比 1.17%。从中可知，我国儿童健康水平整体下降趋势明显，特别是非常健康的儿童占比下降幅度较多，而不健康者的占比有所增长。这一趋势需要引起我们的深刻反思。随着生活节奏的加快、工作学习压力的增加，儿童健康水平加速下滑。不论是儿童的身体健康还是心理健康都需要引起各方的关注，并尽快出台干预措施，改善儿童的身心健康水平。健康是提升人力资本的根基，身心健康的儿童才能更好地成长，才能为经济社会发展贡献更大的力量。

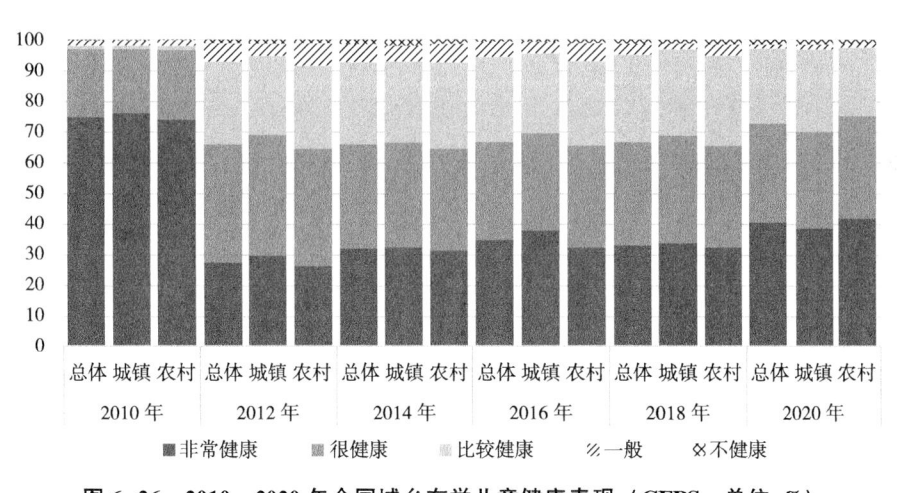

图 6-26　2010—2020 年全国城乡在学儿童健康表现（CFPS，单位：%）

第四节　结果讨论

本章系统分析了城乡学前教育的发展情况以及 3~5 岁适龄儿童学前教

育获得情况等，并比较了城乡儿童的早期发展差距，为下一步研究城乡儿童获得学前教育机会的影响因素以及评估学前教育的影响效果打下了良好基础。

就城乡学前教育的发展情况而言，研究发现，城乡学前教育在园所规模、硬件设施、师资力量等方面都存在较大差距。在办学规模方面，全国幼儿园数量逐年增长（东部地区分布更多）；其中，城镇幼儿园的数量扩张趋势更加明显，大部分地区的城镇幼儿园数量增长速度都超过了城镇人口增长速度，城镇在园儿童总数也逐步超过农村地区。分地区看，发达地区幼儿园的园均儿童数量较多，但班级儿童数量较少、城乡差距较小，欠发达地区正好与之相反；硬件设施上，包括活动室、睡眠室、运动场地、保健室、图书室以及图书拥有量等在内的教育条件逐年改善，总体而言城乡差距正在逐年缩小。师资力量方面，全国范围内幼师、保育员等的数量在逐年增加，但农村幼儿园仍存在较大缺口，农村幼师工作严重超负荷，特别是保健医的数量远远不足（大部分地区的农村幼儿园并未配备保健医）；师资专业素质逐年改善，具有专科学历的教职工已占大多数，本科及以上学历的教职工占比也在逐年提高，高中及以下学历的教职工比例逐年减少；此外，城镇幼儿园的师资水平普遍好于农村幼儿园，但专任教师的学历水平整体上看仍不高，亟待提升。

就3~5岁儿童获得的学前教育而言，适龄儿童获得学前教育的人数逐年增加，城镇增长幅度更大。从统计数据大体可以推断，城镇已经实现了适龄儿童的学前教育普及。但截至2021年底，农村尚未实现儿童学前教育全覆盖。这可能与农村地区的学前教育布局、收费价格等有直接关系。当前，我国的农村普惠性学前教育基本布局是"入镇不入村"，农村家庭需要花费较大成本送子女到乡镇入园，因其距离远、便利性差等极有可能降低普惠性学前教育的参与率；村里的幼儿园则以民办为主，收费往往比公立园高，由此增加了农村家庭的经济成本，从而降低了其送子女入园的意愿。

针对儿童早期发展情况，本书从学业表现、社交能力和身心健康等三个维度加以分析。结果表明，在学儿童学业成绩表现整体向好的比重有所提高，其中农村在学儿童的成绩提高更加明显。社交能力方面，在学儿童社交能力水平整体下滑，特别是城镇在学儿童的社交能力降低幅度更大，同时城乡在学儿童的社交能力差距有所缩小。身心健康方面，我国儿童的整体健康状况有所下降，其中城镇儿童健康水平的下降幅度超过了农村儿童；截至 2020 年，农村儿童的健康水平总体看已超过城镇儿童。

第七章　城乡儿童获得学前教育机会的影响因素研究——基于3~5岁儿童的分析

第一节　儿童获得学前教育机会影响因素的理论分析

家庭资本是影响儿童教育获得的重要因素（蔡文伯、韩璐，2024：87-97；吴愈晓，2020：18-35；徐雨虹、陈淑华，2007：22-24；Riala et al.，2003：349；Garnier and Raffalovich，1984：1-11）。家庭资本包括家庭文化资本、家庭经济资本和家庭教育理念等，分别以父母的文化水平、家庭经济能力和家庭对教育重视程度等加以反映。相关研究显示，父母的文化程度越高、家庭经济能力越强、家庭对教育的重视程度越高，孩子获得学前教育机会的概率就越大；反之，则孩子入园的时间很有可能被推迟（侯景怡 等，2023：110-124；谢永飞、杨菊华，2016：75-82；Bennett，2008；Gong et al.，2015：194-208）。例如，有学者研究发现，越富有的家庭越早将孩子送进幼儿园（Fuller et al. 1996：3320-3337）；有学者的研究表明，增加家庭收入会提高适龄儿童入园的可能性（Chiswick and DebBurman，2006：60-87）；有学者通过对深圳3 000余名儿童的研究发现，高收入家庭的子女进入高级别幼儿园的概率是中等收入家庭幼儿的1.82倍（刘国艳 等，2016：23-29）。此外，王鹏程、龚欣（2020：43-54）利用中国家庭追踪调查（CFPS）2016年的数据分析了家庭文化资本对学前教育机会的影响，结果发现，家庭文化资本的提高会显著增加儿童获得学前教育的机会，并且相比其他资本，家庭文化资本对儿童获得学前教育机会的影响更大；进一步研究发现，家庭文化资本对农村儿童的影响

第七章　城乡儿童获得学前教育机会的影响因素研究——基于3~5岁儿童的分析

超过城镇儿童。

此外，孩子的性别、年龄等个体特征以及户籍、民族、留守等成长环境因素也对儿童学前教育机会的获得有着重要影响。例如，农村地区、民族地区儿童以及留守儿童在资源获取和家庭照料等方面可能处于相对劣势地位，从而对其获得学前教育机会产生不利影响（李春玲，2009：14-18；刘爱玉、佟新，2014：116-129；邢芸、胡咏梅，2015：52-57）。相关理论分析框架如图7-1所示。

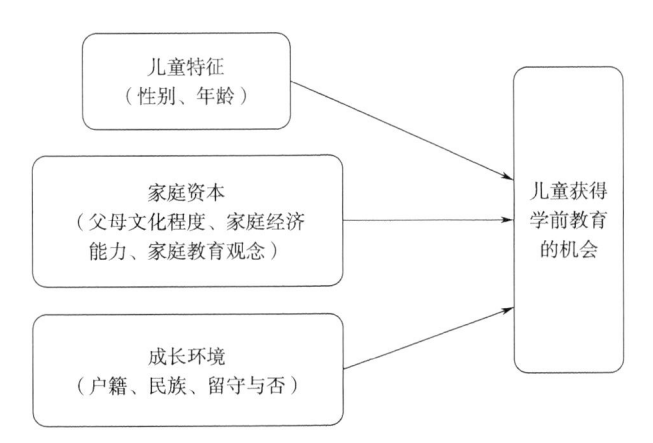

图7-1　儿童获得学前教育机会影响因素的理论分析框架

第二节　模型设定和变量选择

一、模型和变量

对于获得学前教育影响因素的分析，本书采用Logit模型，其基本的表达形式如下：

$$P = F(Y) = F(Y\beta) = \frac{1}{1+e^{-Y}} \quad (7-1)$$

其线性转换后可表达为：

$$\log\left(\frac{P}{1-P}\right) = Y = X\beta + \varepsilon \qquad (7-2)$$

其中，Y 是被解释变量，表示儿童是否正在上幼儿园，假如儿童正在上幼儿园，则 Wf_1 赋值为 1，否则赋值为 0；X 是解释变量，包括孩子性别、孩子年龄、父亲文化水平、母亲文化水平、家庭收入水平、家庭教育观念、城乡虚拟变量、孩子民族、是否为留守儿童，并控制地区变量。β 是待估系数，ε 是误差项。所有变量的详细定义见表 7-1。

表 7-1 主要变量定义和说明

	变量名称	符号	说明	均值	标准差
被解释变量	是否正在上幼儿园	Wf_1	是=1，否=0	0.51	0.50
	上幼儿园时间（a）	Wf_{103}	小时（孩子平均每周上幼儿园时间）	33.11	15.61
解释变量	孩子性别	Gender	男=1，女=0	0.55	0.50
	孩子年龄	Age	岁	3.99	0.82
	父亲文化水平	Fedu	年（父亲受教育年限）	2.85	1.17
	母亲文化水平	Medu	年（母亲受教育年限）	2.60	1.22
	家庭收入水平	Income	元（家庭人均纯收入），取对数	7 346.05	12 945.06
	家庭教育观念	Edushare	%（家庭教育支出/家庭总支出）	0.17	0.22
	城乡	Urban	城镇=1，农村=0	0.38	0.49
	民族	Minzu	汉族=1，少数民族=0	0.88	0.33
	是否为留守儿童（b）	Left-behind	留守儿童=1，非留守儿童=0	0.15	0.36
	幼儿园距离（c）	Wf_{104}	米（孩子住地到幼儿园的距离），取对数	1 744.89	2 648.65
	幼儿园费用（d）	Wf_{107}	元（月均家庭缴纳的幼儿园费用），取对数	229.29	225.09
	地区	Area	省份代码	—	—

注：表 7-1 中孩子上幼儿园时间（a）、幼儿园距离（c）和幼儿园费用（d）是下一步回归中用到的变量，限于篇幅，在此一并列出；父母双方都不与孩子一起居住的连续时间超过 3 个月定义为留守儿童（b）。

第七章　城乡儿童获得学前教育机会的影响因素研究——基于 3~5 岁儿童的分析

为进一步检验孩子在园时间长短等影响因素，本书采用孩子上幼儿园的时间这一变量替代其是否正在上幼儿园这一变量。因为孩子上幼儿园时间均为正数或 0，所以本书运用 Tobit 模型进行回归，表达形式如下：

$$Y = \begin{cases} Y^*, & \text{if} \quad Y > 0 \\ 0, & \text{if} \quad Y^* \leq 0 \end{cases} \quad (7\text{-}3)$$

$$Y^* = X\beta + \varepsilon \quad (7\text{-}4)$$

其中，Y 是被解释变量，表示孩子平均每周上幼儿园时间；Y^* 是潜在被解释变量；X 是解释变量，包括孩子性别、孩子年龄、父亲文化水平、母亲文化水平、家庭收入水平、家庭的教育观念、城乡虚拟变量、孩子民族、是否为留守儿童、幼儿园距离、幼儿园费用，并控制地区变量；β 是待估系数；ε 是回归方程的误差项。

二、数据来源

本书所用数据来源于 CFPS 数据库，其中，前面章节之中的现状分析采用的是 2010 年、2012 年、2014 年、2016 年、2018 年、2020 年的数据，以便比较历年的变化趋势。对城乡儿童获得学前教育机会的影响因素及其对儿童早期发展影响的实证研究部分则均采用 2010 年的数据，其原因在于：一是各年变量变化较大，衔接性不够，如 2012 年、2014 年、2016 年 CFPS 数据库中的语文和数学得分变量与 2010 年、2018 年的口径不一，不具有跨年可比性难以匹配，此外 2018 年、2020 年的数据中未再统计部分中介因素变量，为保持实证分析数据的一致性，故没有考虑所有年份；二是 2012 年、2014 年、2016 年、2018 年、2020 年 CFPS 数据库中城乡儿童获得学前教育的相关样本缺失严重，如 2012 年城镇儿童 5 536 名，其中获得学前教育的仅 225 名儿童、未获得学前教育的仅 26 名，样本缺失严重，采用这部分数据进行研究，很有可能造成错误；三是本书需要基于 CFPS 数据考察城乡儿童获得学前教育机会的影响因素及其对儿童早期发展的影响，其主要目标是探究影响关系（并不要求数据的时效性），2010 年数据

变量的信息丰富、样本量大，能够满足实证研究需要，同时对于上述问题本书也采用了2012年、2014年、2016年、2018年、2020年的CFPS数据分别回归，结果与2010年表现一致，但由于各年CFPS数据的变量变化较大，所以因变量的选取虽然都能反映儿童早期发展但仍略有差别，控制变量的选取也略有不同，限于篇幅故实证结果在此未予列出。为此，本书参照赵丽秋、李莉（2024：709-724）的做法，接下来在对城乡儿童获得学前教育机会的影响因素及其对儿童早期发展影响的实证研究等各类分析和研究中，均仅采用2010年的数据。

第三节 儿童获得学前教育机会影响因素的实证分析

一、儿童获得学前教育机会影响因素的回归结果

孩子年龄、父母文化、家庭经济能力和家庭教育观念是影响儿童获得学前教育的重要因素，此外，城乡、民族等因素使儿童在获得学前教育的机会上也存在一定差异。表7-2报告了儿童在获得学前教育机会时影响因素的回归结果。其中，模型（1）是基准回归结果，模型（2）、模型（3）和模型（6）依次加入了城乡因素、民族因素和留守儿童等因素；为了比较城乡差异，本书采用模型（4）和模型（5）分别对城镇和农村儿童的子样本进一步开展回归。总体来说，孩子年龄、父母受教育程度、家庭经济能力、家庭教育观念、城乡因素和民族因素是影响儿童获得学前教育机会的主要因素，各个回归方程主要变量回归系数的方向和显著性较为相似，结果具有稳健性。下面以模型（6）为例具体阐释回归结果。

表7-2 儿童获得学前教育机会的影响因素回归结果

$Wf1$	(1)	(2)	(3)	(4)	(5)	(6)	边际效应
$Gender$	-0.06 (0.13)	-0.06 (0.13)	-0.04 (0.13)	-0.16 (0.22)	0.01 (0.17)	-0.06 (0.13)	-0.01 (0.03)

续表

W/1	(1)	(2)	(3)	(4)	(5)	(6)	边际效应
Age	1.29*** (0.09)	1.32*** (0.09)	1.33*** (0.09)	1.45*** (0.16)	1.33*** (0.12)	1.33*** (0.09)	0.33*** (0.02)
Fedu	0.07*** (0.02)	0.06*** (0.02)	0.06*** (0.02)	0.01 (0.04)	0.08*** (0.03)	0.06** (0.02)	0.01** (0.01)
Medu	0.12*** (0.02)	0.10*** (0.02)	0.09** (0.02)	0.09** (0.03)	0.11*** (0.02)	0.10*** (0.02)	0.02** (0.01)
Income	0.25*** (0.08)	0.19** (0.08)	0.19** (0.08)	0.12 (0.13)	0.27*** (0.10)	0.18** (0.08)	0.05** (0.02)
Edushare	2.42*** (0.36)	2.31*** (0.35)	2.26*** (0.35)	2.61*** (0.69)	2.12*** (0.41)	2.25*** (0.35)	0.56*** (0.09)
Urban		0.80*** (0.15)	0.80*** (0.15)			0.77*** (0.15)	0.19*** (0.04)
Minzu			0.61*** (0.22)	-0.10 (0.44)	0.92*** (0.28)	0.64*** (0.22)	0.16*** (0.05)
Left-behind				-0.77* (0.43)	-0.25 (0.22)	-0.29 (0.19)	-0.07 (0.05)
Area	控制	控制	控制	控制	控制	控制	控制
Pseudo R²	0.29	0.31	0.31	0.25	0.28	0.31	
obs	1 513	1 513	1 508	573	915	1 488	

注：模型（4）和模型（5）分别对城镇和农村的子样本进行回归；括号内为稳健标准误，全书同；***、**、*分别表示在1%、5%和10%水平下显著，全书同；限于篇幅，回归结果仅保留2位小数，下同。

在儿童特征方面，孩子年龄是获得学前教育机会的重要影响因素。孩子年龄越大，获得学前教育机会的概率越大：孩子年龄每增加1岁，其获得学前教育机会的概率就增加0.33。性别因素并不是影响孩子获得学前教育机会的主要因素，这说明在教育资源获取上的性别歧视问题已经在很大程度上得到消除。

在家庭资本方面，父母文化水平、家庭收入水平、家庭教育重视程度等都有助于提高孩子获得学前教育的机会。父母受教育年限越长，孩子获得的学前教育机会就越大：父亲、母亲受教育年限每提高 1 年，孩子获得学前教育机会的概率分别增加 0.01、0.02。家庭收入水平的提高能显著提高孩子获得学前教育机会。此外，家庭对教育的重视程度越高，孩子越有机会获得学前教育，本书采用家庭用于教育支出占总支出的比重来反映家庭对教育重视程度，这一比重每提高 1%，孩子获得的学前教育机会的概率就增加 0.56。

在成长环境方面，城乡因素和民族因素显著影响孩子获得学前教育机会，是否为留守儿童则对孩子获得学前教育没有明显作用。相比农村儿童，城镇儿童获得学前教育机会的概率增加 0.19；相比少数民族儿童，汉族儿童获得学前教育机会的概率增加 0.16。

城乡比较表明，各因素对城乡儿童获得学前教育机会的影响略有差异。通过模型（4）和模型（5）的回归结果比较可知，对城镇儿童而言，父亲的文化水平、家庭经济能力、民族因素等对孩子是否获得学前教育机会的影响不再显著，但是孩子年龄、家庭教育重视程度等对孩子获得学前教育机会的影响更大。值得一提的是，对于城镇留守儿童来说，其获得学前教育机会的概率有小幅降低。对农村儿童而言，父母的文化水平、家庭经济能力、民族因素等对儿童获得学前教育机会的影响更大，这说明在有文化、收入高的农村家庭中，孩子有机会获得更好的学前教育；此外就民族因素而言，农村地区的汉族儿童在获取学前教育资源上具有更明显的优势。

二、儿童就读幼儿园时间影响因素的回归结果

为了进一步探索儿童获得学前教育机会的影响因素，本书选取已上幼儿园的适龄儿童并从他们的就读时间上展开分析。表 7-3 中的模型（1）是对孩子平均每周在幼儿园中就读时间的回归结果，模型（2）至模型（6）依次加入城乡因素、民族因素、是否为留守儿童、孩子住地到幼儿园

第七章 城乡儿童获得学前教育机会的影响因素研究——基于3~5岁儿童的分析

距离、孩子上幼儿园的费用等展开回归。

结果表明,家庭经济能力、父亲的文化水平、家庭对教育的重视程度、民族因素、家校距离等会对在园儿童的就读时间产生影响。具体而言,家庭经济能力对儿童就读幼儿园的时间有显著的促进作用:家庭收入水平越高,则孩子就读幼儿园的时间越长。父亲的文化水平、家庭对教育的重视程度也会增加孩子就读幼儿园的时间:父亲受教育年限越长,家庭对教育重视程度越高,则孩子就读幼儿园时间越长。就民族因素而言,汉族儿童就读幼儿园的时间相对较短,少数民族儿童就读幼儿园的时间相对较长,虽然汉族儿童更容易获得上幼儿园的机会,但是对于已经在园的儿童而言,少数民族儿童的在园时间更长。可能的原因是,部分少数民族儿童居住于偏远地区,由于家校距离远,寄宿儿童占比相对较大,从而造成其在园时间较长。此外,孩子住地到幼儿园的距离也会影响孩子的在园时间:家校距离越远,孩子在园时间越长。至于其他因素,如孩子年龄、母亲的文化水平和幼儿园收费情况等,对于已经在园的儿童而言,则对其就读时间并没有显著影响,此外城乡在园儿童在就读时间上也没有明显差异。

表 7-3 儿童就读幼儿园时间影响因素的回归结果

$W_f/103$	(1)	(2)	(3)	(4)	(5)	(6)
Gender	1.73 (1.11)	1.73 (1.11)	1.73 (1.11)	1.62 (1.11)	1.48 (1.09)	1.66 (1.12)
Age	0.93 (0.77)	0.94 (0.77)	1.00 (0.77)	1.03 (0.76)	0.88 (0.75)	0.98 (0.76)
Fedu	0.32 (0.20)	0.32 (0.20)	0.32 (0.20)	0.32 (0.20)	0.33* (0.19)	0.35* (0.20)
Medu	-0.19 (0.17)	-0.19 (0.17)	-0.18 (0.17)	-0.17 (0.17)	-0.21 (0.17)	-0.28 (0.17)
Income	1.76*** (0.64)	1.75*** (0.65)	1.70*** (0.65)	1.67*** (0.65)	1.57** (0.64)	1.48** (0.66)

续表

Wf103	(1)	(2)	(3)	(4)	(5)	(6)
Edushare	3.71 (2.48)	3.68 (2.49)	3.80 (2.49)	3.73 (2.48)	3.63 (2.44)	3.44* (2.49)
Urban		0.16 (1.22)	0.22 (1.22)	−0.11 (1.23)	0.89 (1.23)	1.40 (1.26)
Minzu			−3.80* (2.22)	−3.71* (2.21)	−3.59* (2.18)	−4.00* (2.22)
Left-behind				−2.18 (1.84)	−1.87 (1.82)	−1.53 (1.88)
Wf104					2.29*** (0.41)	2.32*** (0.42)
Wf107						0.08 (0.34)
Area	控制	控制	控制	控制	控制	控制
Pseudo R^2	0.01	0.01	0.01	0.01	0.01	0.01
obs	776	776	776	775	770	743

注：本书对各组方程分别采用了 Tobit 模型回归和 OLS 回归，结果相近。限于篇幅，在此仅列出 Tobit 模型回归结果。

第四节　结果讨论

本章先从理论层面分析了儿童获得学前教育机会的影响因素。借鉴以往研究，本书认为儿童特征、家庭资本和儿童成长环境是影响儿童获得学前教育机会的关键因素，具体包括孩子性别、孩子年龄、父亲和母亲的文化水平、家庭经济能力、家庭教育观念、城乡因素、民族因素和留守儿童因素等。在此基础上，本书重点采用 Logit 模型和 Tobit 模型从实证角度加以验证，得到结论如下。

第一，孩子年龄、父母文化水平、家庭经济能力和家庭教育观念是影

第七章 城乡儿童获得学前教育机会的影响因素研究——基于 3~5 岁儿童的分析

响儿童获得学前教育的重要因素：孩子年龄越大、父母文化程度越高、家庭收入水平越高、家庭对教育重视程度越高，则孩子获得的学前教育机会越大。此外，城镇儿童、汉族儿童在获得学前教育机会上具有明显优势。

第二，对在园儿童就读时间的实证研究发现，家庭经济能力、父亲的文化水平、家庭对教育重视程度、民族因素、家校距离等都会对在园儿童的就读时间产生影响：家庭收入水平越高、父亲的受教育年限越长、家庭对教育重视程度越高，则孩子就读幼儿园的时间也越长。此外相对而言，少数民族儿童和家校距离较远儿童的在园时间更长。

第八章　学前教育对城乡儿童早期发展的影响研究

第一节　模型设定和变量选择

关于学前教育对城乡儿童早期发展的影响，本书从儿童学业发展、社交能力和身心健康等三个维度展开分析，即针对义务教育阶段城乡儿童在上述三个方面的表现分别进行讨论，并围绕小学和初中这两个教育阶段分样本开展研究。

一、模型设定

本书采用的是有序 Logit 模型、分位数回归模型、Logit 模型、PSM 回归和 OLS 回归。Logit 模型在前述章节中已经有所介绍，OLS 回归则为学界所熟知，在此仅对有序 Logit 模型、分位数回归模型和 PSM（Propensity Score Matching，倾向得分匹配）回归这三种方法展开比较详细的阐释，具体如下。

（一）有序 Logit 模型

由于学业成绩、社交能力、身心健康等属于有序类别变量，该类别变量在统计上属于离散变量，因此采用有序 Logit 模型进行估计，模型表达式为：

$$Y^* = X\beta + \varepsilon \tag{8-1}$$

$$Y = \begin{cases} 1, & Y^* \leq c_1 \\ 2, & c_1 < Y^* \leq c_2 \\ 3, & c_2 < Y^* \leq c_3 \\ \vdots & \\ j, & Y^* > c_{j-1} \end{cases} \quad (8-2)$$

其中，Y是被解释变量，代表学业成绩中语文等级成绩和数学等级成绩，社交能力，身心健康表现中身体健康、锻炼情况和心理健康，以 1、2、3…j 整数值表示；Y^* 是不可观测的潜在被解释变量；$c_1 < c_2 < c_3 < \cdots < c_{j-1}$ 为待估区间的临界点；X 是解释变量，包括是否曾经上过幼儿园和其他控制变量，其他控制变量包括孩子性别、孩子年龄、父亲文化水平、母亲文化水平、家庭收入水平、家庭的教育观念、家庭健康观念、对学校满意度、课外教育及地区固定效应；β 是一组与 X 对应的回归系数；ε 是服从逻辑分布的随机扰动项。

（二）分位数回归模型

假设条件分布 $y \mid x$ 的总体 q 分位数 $y_q(x)$ 是 x 的线性函数，即：

$$y_q(x_i) = x'_i \beta_q \quad (8-3)$$

其中，β_q 被称为"q 分位数回归系数"，其估计量 $\hat{\beta}_q$ 可以由以下最小化问题来定义，即：

$$\min_{\beta_q} \sum_{i: y_i \geq x'_i \beta_q}^{n} q \mid y_i - x'_i \beta_q \mid + \sum_{i: y_i < x'_i \beta_q}^{n} (1-q) \mid y_i - x'_i \beta_q \mid \quad (8-4)$$

其中，y 是被解释变量，代表学业成绩中语文和数学具体的分数；x 是解释变量，包括是否曾经上过幼儿园和其他控制变量，具体含义同有序 Logit 模型；q 代表相应分位数；$\hat{\beta}_q$ 是 q 分位数回归系数的估计量，通常使用线性规划的方法计算得到。

（三）PSM 回归

孩子是否能获得学前教育的机会可能并非随机样本，而是与父母的文

化水平、家庭经济能力和成长环境等有关，这些特征还会影响孩子早期发展中的学业表现、社交能力和健康状况等，从而在估算学前教育对儿童早期发展的影响时可能存在内生性问题。因此，采用传统的OLS回归方法可能出现因"自我选择"而导致的严重的内生性偏差，需要消除此类问题才能相对准确地测算学前教育对儿童早期发展影响的净效应。

在实证研究中，本书在分析学前教育对6~15岁儿童早期发展的各项表现时，采用的核心解释变量是其是否曾经上过幼儿园，由于该变量对应的时间早于儿童学业成绩、社交能力和身心健康等各项变量，可避免潜在的内生性问题。为了检验结果的稳健性，本书也采用PSM方法，通过反事实的估计加以验证。

就理论上而言，PSM方法通过再抽样或基于接受干预的概率（即倾向值）将未被干预的成员与被干预的成员进行匹配来平衡数据。经过PSM方法处理后，处理组和控制组的儿童除是否获得学前教育机会外，在其他特征方面则是一致的，即处理组和控制组在匹配后不再具有统计意义上的差异（Rosenbaum and Rubin，1983：212-218）。因此，可以同时排除基于可观测因素和不可观测因素的样本选择性偏误，得到平均处理效应（ATT）。对此，本书采用的具体做法是：采用Logit模型估算出每个儿童样本获得学前教育机会的概率（即倾向得分），然后采用近邻匹配方法得出处理组的平均处理效应（ATT）。在此值得说明的一点是，在估计儿童获得学前教育机会的概率时，本书采用的家庭特征等影响因素是当期数据，是否获得学前教育则是往期数据。也就是说，这一估计是基于家庭经济能力、父母文化水平和儿童成长环境的变化趋势相对稳定这一假设的。倾向得分指的是在给定一组协变量 X_i 的情况下，个体 i 接受某种干预的条件概率。在条件期望独立假设条件下，通过估计每个儿童样本的倾向得分 $[P(X_i)]$，将那些主要特征比较接近的获得学前教育机会的儿童与未获得学前教育机会的儿童进行配对。倾向性得分可以表示为：

$$P(X_i) = \Pr\{\exp_i = 1 \mid X_i\} \tag{8-5}$$

根据倾向性得分 $P(X_i)$ 进行匹配后，获得学前教育机会儿童的平均处理效应 ATT 可表示为：

$$\tau = E(Y_1 \mid p=1) - E(Y_0 \mid p=1) \tag{8-6}$$

其中，p 为虚拟变量，获得过学前教育机会的儿童赋值为 1，否则赋值为 0；Y_1 表示干预组样本接受干预时被解释变量的取值，即获得学前教育机会的儿童的早期表现；Y_0 表示干预组假设没有接受干预时被解释变量的取值，即获得学前教育机会的儿童假设在未获得学前教育时的早期表现，由于这一表现无法直接估计到，因此需要构建反事实框架。反事实估计后的 ATT 中的 $E(Y_0 \mid p=1)$ 即为反事实效应（Counter-factual Effect）。

二、变量选择

儿童早期发展的衡量主要从以下三个维度展开。

一是学业发展。对此采用成绩、是否担任班干部和是否就读重点班等进行衡量。其中，成绩方面分别用语文的等级成绩和数学的等级成绩和具体分数加以衡量。为便于横向和纵向比较，本书除直接采用语文分数和数学分数回归外，还对这两个分数的变量进行了标准化处理。由于回归结果相近，本书仅保留具体分数的回归结果而没有列出标准化回归结果。

二是社交能力。对此分别用社交能力评级、交友能力和上网情况加以反映。

三是身心健康情况。对此，分别以身体健康评级反映身体健康情况，以锻炼情况反映健康习惯，以幸福感反映心理健康情况。核心变量为是否获得过学前教育，参照以往研究（王典 等，2023：25-40；方超、黄斌，2020：73-82；袁玉芝、赵仪，2019：43-50；李贞义、雷万鹏，2022：50-57），控制变量选取儿童特征、家庭特征、学校质量和课外教育情况等。具体各变量含义和说明详见表 8-1。

表 8-1　儿童早期发展影响研究的主要变量定义和说明

变量名称			符号	说明	均值	标准差
被解释变量	学业发展	语文等级成绩	Wf501	优=1，良=2，中=3，差=4	2.28	0.95
		数学等级成绩	Wf502	优=1，良=2，中=3，差=4	2.30	1.00
		语文分数	Kr421	最近一次大考的语文分数	80.22	17.11
		数学分数	Kr423	最近一次大考的数学分数	78.37	21.47
		是否担任过班干部	Ks1	是=1，否=0	0.35	0.48
		是否就读重点班	Wf306	是=1，否=0	0.25	0.43
	社交能力	社交能力评级	Wm304	差=1，较差=2，中等=3，较好=4，好=5	4.02	0.85
		是否有好朋友	Wk3	有=1，没有=0	0.91	0.29
		好朋友数量	Wk301	个	7.24	9.13
		是否上网	Ku2	是=1，否=0	0.25	0.44
	身心健康	身体健康评级	W11	非常健康=1，很健康=2，比较健康=3，一般=4，不健康=5	1.30	0.59
		锻炼频率	W13	几乎每天=1，每周两三次=2，每月两三次=3，每月一次=4，从不=5	2.48	1.51
		幸福感	Wm302	非常不幸福=1，不幸福=2，一般=3，比较幸福=4，非常幸福=5	4.18	0.87
核心变量	是否获得过学前教育	是否上过幼儿园	Wf101	是=1，否=0	0.64	0.48
控制变量	儿童特征	孩子性别	Gender	男=1，女=0	0.52	0.50
		孩子年龄	Age	岁	11.12	2.56
	家庭特征	父亲文化水平	Fedu	年（父亲受教育年限）	7.36	4.24
		母亲文化水平	Medu	年（母亲受教育年限）	5.88	4.61
		家庭收入	Income	元（家庭人均纯收入），取对数	6 601.02	8 473.00
		家庭教育观念	Edushare	%（家庭教育支出/家庭总支出）	0.25	0.25
		家庭健康观念	Illshare	%（家庭医疗保健支出/家庭总支出）	0.24	0.26

续表

	变量名称	符号	说明	均值	标准差
控制变量	学校质量 对学校满意度	Ks7	对学校、班主任、语文老师和数学老师满意度平均满意度，非常不满意=1，不满意=2，一般=3，比较满意=4，非常满意=5	4.06	0.75
	课外教育 课外教育支出占比	Kewai	%（该儿童的课外辅导费支出/该儿童的所有教育支出）	0.12	0.26

第二节 学前教育对城乡儿童学业表现的影响

一、学业成绩

（一）学前教育与儿童学业成绩的关系：基于统计分析

获得过学前教育机会的儿童成绩表现更加优秀，其中城镇儿童受此影响更大。

从语文成绩看（图8-1），整体而言，成绩优秀和良好的儿童比重分别占25%和32%，中等和偏差的儿童比重分别占33%和10%；在上过幼儿园的群体中，成绩优秀的占30%、良好的占34%、中等和偏差的分别占29%和7%。由此可知，相对而言，上过幼儿园者中成绩优秀和良好的更多，成绩中等和偏差者也相对较少。就城乡之间而言，城镇儿童的成绩整体上好于农村儿童。对于城镇儿童来说，上过幼儿园者中，成绩优秀的占35%、良好的占35%，其成绩优良率远远超过未上过幼儿园者。对于农村儿童来说，上过幼儿园的农村儿童中，其成绩优秀和良好者分别占26%和32%；未上过幼儿园的农村儿童中，其成绩优秀和良好者仅占15%和29%，明显落后于上过幼儿园者。

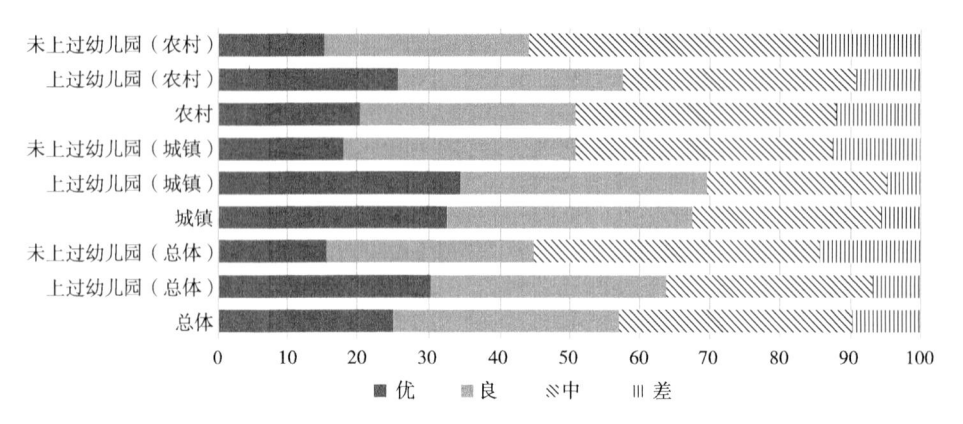

图 8-1 城乡在学儿童语文成绩表现与是否获得过学前教育的关系（CFPS,%）

从数学成绩看（图 8-2），其成绩分布和城乡儿童获得学前教育的关系与语文成绩大体相近。整体而言，成绩优秀和良好的儿童分别占 27% 和 30%，成绩中等和偏差的儿童比重分别占 30% 和 13%。其中，在上过幼儿园的群体中，成绩优秀者占 32%、良好者占 32%、中等和偏差者分别占 26% 和 10%。也就是说，在上过幼儿园的群体中，成绩优秀和良好者更多，成绩中等和偏差者则相对较少。对于城镇儿童来说，上过幼儿园者成绩优秀的占 36%、良好的占 32%，远超过未上过幼儿园者。对于农村儿童来说，上过幼儿园者成绩优秀和良好的分别占 27% 和 32%，未上过幼儿园者成绩优秀和良好的则仅占 17% 和 26%，其成绩表现明显落后于上过幼儿园者。

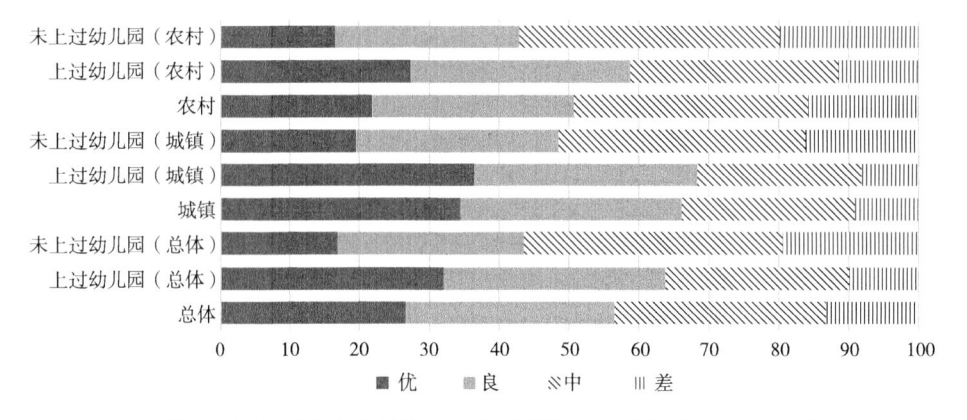

图 8-2 城乡在学儿童数学成绩表现与是否获得过学前教育的关系（CFPS,%）

（二）学前教育对儿童学业成绩影响的回归结果

对于学前教育对儿童学业成绩的影响，本书采用语文和数学的等级成绩、具体分数这两个维度来加以衡量并分别展开实证研究，所得结果如表 8-2 至表 8-5 所示。

表 8-2 报告了学前教育对儿童语文成绩的影响效果，模型（1）至模型（3）是义务教育阶段儿童的整体样本，其中，模型（2）、模型（3）分别针对小学和初中的子样本展开回归；模型（4）至模型（6）和模型（7）至模型（9）分别是义务教育阶段城镇儿童和农村儿童的语文成绩表现的回归结果。

表 8-2 学前教育对儿童语文成绩影响的回归结果（有序 Logit 模型）

语文成绩	整体			城镇			农村		
	（1）	（2）	（3）	（4）	（5）	（6）	（7）	（8）	（9）
	义务教育	小学	初中	义务教育	小学	初中	义务教育	小学	初中
$Wf101$	-0.36*** (0.09)	-0.42*** (0.11)	-0.22 (0.15)	-0.42** (0.18)	-0.42 (0.27)	-0.43* (0.26)	-0.35*** (0.11)	-0.43*** (0.13)	-0.15 (0.19)
$Gender$	0.78*** (0.07)	0.63*** (0.09)	1.06*** (0.12)	0.79*** (0.12)	0.57*** (0.15)	1.16*** (0.19)	0.78*** (0.09)	0.66*** (0.11)	0.99*** (0.17)
Age	0.01 (0.02)	0.01 (0.03)	0.01 (0.07)	0.03 (0.03)	-0.03 (0.07)	0.07 (0.10)	-0.01 (0.03)	0.03 (0.04)	-0.06 (0.09)
$Fedu$	-0.05*** (0.01)	-0.04*** (0.01)	-0.07*** (0.02)	-0.04** (0.02)	-0.03 (0.02)	-0.06** (0.03)	-0.05*** (0.01)	-0.04*** (0.01)	-0.08*** (0.02)
$Medu$	-0.04*** (0.01)	-0.05*** (0.01)	-0.03* (0.02)	-0.05*** (0.02)	-0.07*** (0.02)	-0.02 (0.02)	-0.04*** (0.01)	-0.04** (0.02)	-0.04 (0.02)
$Income$	-0.09** (0.04)	-0.07 (0.05)	-0.12 (0.07)	-0.14** (0.06)	-0.13* (0.08)	-0.16 (0.11)	-0.07 (0.05)	-0.04 (0.06)	-0.10 (0.09)
$Edushare$	-0.19 (0.15)	-0.21 (0.19)	-0.08 (0.25)	-0.06 (0.27)	-0.06 (0.34)	-0.03 (0.46)	-0.25 (0.18)	-0.28 (0.23)	-0.03 (0.30)
$Ks7$	-0.38*** (0.05)	-0.46*** (0.06)	-0.23*** (0.08)	-0.38*** (0.07)	-0.36*** (0.10)	-0.42*** (0.15)	-0.37*** (0.06)	-0.52*** (0.08)	-0.05 (0.11)

续表

语文成绩	整体			城镇			农村		
	（1）	（2）	（3）	（4）	（5）	（6）	（7）	（8）	（9）
	义务教育	小学	初中	义务教育	小学	初中	义务教育	小学	初中
$Kewai$	−0.11 (0.14)	−0.32* (0.18)	0.26 (0.23)	0.06 (0.18)	−0.23 (0.23)	0.57* (0.30)	−0.40* (0.23)	−0.40 (0.29)	−0.52 (0.38)
$Area$	控制	控制	控制	控制	控制	控制	控制	控制	控制
$Pseudo\ R^2$	0.06	0.06	0.05	0.06	0.06	0.07	0.05	0.05	0.04
obs	2 707	1 722	985	1 052	619	433	1 655	1 103	552

注：语文成绩分为优、良、中、差几档，依次赋值为1、2、3、4，即成绩越好，赋值越小，因而学前教育经历对语文成绩的回归系数为负，表明学前教育有助于提升语文成绩。学前教育对数学成绩的回归系数正负号解释类似，下同，不再赘述。

回归结果显示，上过幼儿园的儿童的语文成绩表现更好，且是否有过就读幼儿园的经历对小学阶段儿童的影响更大，对初中阶段儿童的影响作用则并不显著。从城乡儿童的比较来看，学前教育对城乡儿童语文成绩的提升均有显著的促进作用。其中，学前教育对农村小学阶段儿童的作用更显著、影响更大，对城镇小学阶段的儿童则没有太明显的作用；此外，学前教育对城镇初中阶段学生的语文成绩有提升作用，但仅在10%的水平下显著。

从控制变量来看，孩子性别、父母文化水平、家庭收入水平、学校质量等对提升儿童的语文成绩均有显著的影响。具体而言，相比男生，女生在义务教育阶段的语文成绩表现更好，男女生的语文成绩在初中阶段的差距更大；通过城乡之间的比较可知，小学阶段农村男女生的语文成绩差距更大，初中阶段则城镇男女生的语文成绩差距更大。父母文化水平对提升儿童语文成绩有显著的促进作用，父母受教育年限越高，孩子语文成绩越好；其中，父亲的文化水平对初中阶段学生的语文成绩影响更大，母亲的文化水平则对小学阶段学生的语文成绩影响更大。从家庭收入来看，家庭经济能力越强，孩子语文成绩表现也越好，但其作用不是很明显，特别是对于农村儿童来说没有显著影响。学校质量对提升儿童语文成绩至关重要，孩子对学校及教师的满意度越高，则孩子的语文成绩越高，其中，该满意度对城镇初中阶段学生的效果更明显，对农村小学阶段学生的效果更明显。此外，其他控制变量，如孩子年龄、家庭教育观念和课外辅导等对儿童语文成绩提升没有明显作用，在此不再详细讨论。

表 8-3 报告了学前教育对儿童数学成绩的影响效果。从回归结果看，学前教育对在学儿童的数学成绩有显著的提高作用，其中，对农村小学阶段儿童的影响更大，对城镇儿童和初中阶段学生的影响则较为有限。从控制变量来看，父母文化程度、家庭收入水平、学校质量等对提高儿童数学成绩均有显著的影响，父母受教育年限越高、家庭经济能力越强、孩子对学校及教师的满意度越高，则孩子的数学成绩表现越好。此外，孩子年龄对其数学成绩的影响显著，年龄越小，其数学成绩方面的表现越好，其中，城镇初中阶段学生和农村小学阶段学生受年龄的影响更加明显；孩子性别对其数学成绩的影响则不再显著，这说明在数学学习的表现方面男女生并没有明显的区别。其他控制变量，如家庭教育观念和课外辅导等对儿童数学成绩的提高也没有明显作用，在此不再详细讨论。

表 8-3　学前教育对儿童数学成绩影响的回归结果（有序 Logit 模型）

数学成绩	整体			城镇			农村		
	（1）	（2）	（3）	（4）	（5）	（6）	（7）	（8）	（9）
	义务教育	小学	初中	义务教育	小学	初中	义务教育	小学	初中
$W\!f101$	-0.27*** (0.08)	-0.28*** (0.11)	-0.25* (0.14)	-0.25 (0.18)	-0.15 (0.25)	-0.41 (0.26)	-0.28*** (0.10)	-0.32*** (0.12)	-0.19 (0.18)
$Gender$	0.09 (0.07)	0.05 (0.09)	0.15 (0.12)	0.03 (0.12)	-0.06 (0.15)	0.17 (0.18)	0.11 (0.09)	0.09 (0.11)	0.15 (0.16)
Age	0.09*** (0.02)	0.07** (0.03)	0.13** (0.06)	0.11*** (0.03)	0.09 (0.07)	0.16* (0.09)	0.07*** (0.03)	0.07* (0.04)	0.11 (0.09)
$Fedu$	-0.04*** (0.01)	-0.03** (0.01)	-0.05*** (0.02)	-0.04** (0.02)	-0.03 (0.02)	-0.05* (0.03)	-0.04*** (0.01)	-0.03** (0.02)	-0.06** (0.02)
$Medu$	-0.04*** (0.01)	-0.05*** (0.01)	-0.04** (0.02)	-0.04** (0.02)	-0.05** (0.02)	-0.02 (0.02)	-0.05*** (0.01)	-0.04** (0.02)	-0.05** (0.02)

续表

数学成绩	整体			城镇			农村		
	(1)	(2)	(3)	(4)	(5)	(6)	(7)	(8)	(9)
	义务教育	小学	初中	义务教育	小学	初中	义务教育	小学	初中
Income	-0.12*** (0.04)	-0.15*** (0.05)	-0.05 (0.07)	-0.22*** (0.07)	-0.29*** (0.08)	-0.10 (0.11)	-0.06 (0.05)	-0.07 (0.07)	-0.03 (0.09)
Edushare	-0.27* (0.15)	-0.20 (0.19)	-0.33 (0.25)	-0.18 (0.26)	-0.04 (0.33)	-0.34 (0.42)	0.30 (0.19)	-0.30 (0.24)	-0.25 (0.31)
Ks7	-0.43*** (0.05)	-0.46*** (0.06)	-0.39*** (0.08)	-0.47*** (0.08)	-0.48*** (0.11)	-0.48*** (0.12)	-0.40*** (0.06)	-0.45*** (0.07)	-0.30*** (0.11)
Kewai	-0.05 (0.15)	-0.20 (0.19)	0.21 (0.26)	0.10 (0.19)	-0.06 (0.25)	0.32 (0.31)	-0.33 (0.29)	-0.44 (0.34)	-0.11 (0.58)
Area	控制	控制	控制	控制	控制	控制	控制	控制	控制
Pseudo R^2	0.05	0.06	0.03	0.05	0.06	0.04	0.04	0.04	0.03
obs	2 706	1 723	983	1 053	620	433	1653	1103	550

为进一步考察学前教育对学生成绩的影响，本书接下来采用义务教育阶段儿童语文和数学的具体分数进行实证研究，结果如表8-4所示。该回归结果与前述学生语文等级成绩的表现相似，即上过幼儿园的儿童的语文分数倾向于更高，其中对小学阶段儿童的影响更大，对初中阶段学生的影响作用则并不显著。从城乡儿童比较的角度来看，学前教育对城乡儿童语文分数的提高均有显著促进作用，并且对小学阶段儿童的作用更显著、影响更大。此外，控制变量的回归结果基本与语文等级成绩相似，即女孩的语文分数更高。就父母文化程度而言，父亲的影响更大，特别是对农村儿童来说，父亲教育的代际外溢效应更明显。此外，家庭经济能力和家庭对教育的重视程度均有助于提高儿童的语文分数，但作用不是很明显。学校质量对提高儿童语文分数也有很积极的影响，特别是农村地区的学校质量对儿童在语文分数方面的表现影响更大。其他控制变量对提高儿童语文分数则没有明显作用，在此不再详细讨论。

表8-4 学前教育对儿童语文分数影响的回归结果（OLS）

语文分数	整体 (1) 义务教育	整体 (2) 小学	整体 (3) 初中	城镇 (4) 义务教育	城镇 (5) 小学	城镇 (6) 初中	农村 (7) 义务教育	农村 (8) 小学	农村 (9) 初中
$Wf101$	2.66*** (0.76)	3.39*** (0.93)	0.88 (1.29)	3.05** (1.52)	4.05** (2.03)	1.61 (2.20)	1.99** (0.93)	2.40** (1.11)	0.71 (1.69)
$Gender$	-5.52*** (0.61)	-4.54*** (0.70)	-6.86*** (1.10)	-5.53*** (0.87)	-3.23*** (0.97)	-8.76*** (1.58)	-5.67*** (0.82)	-5.47*** (0.95)	-5.39*** (1.54)
Age	1.05*** (0.19)	0.58** (0.30)	0.20 (0.63)	-0.01 (0.28)	-0.96* (0.53)	0.10 (0.92)	1.60*** (0.26)	1.06*** (0.35)	0.16 (0.86)
$Fedu$	0.51*** (0.09)	0.50*** (0.11)	0.41*** (0.16)	0.18 (0.14)	0.19 (0.18)	0.07 (0.23)	0.61*** (0.12)	0.53*** (0.14)	0.59*** (0.22)
$Medu$	0.42*** (0.09)	0.47*** (0.11)	0.28* (0.16)	0.50*** (0.13)	0.38** (0.15)	0.62*** (0.22)	0.36*** (0.12)	0.49*** (0.14)	0.03 (0.23)
$Income$	0.68** (0.33)	0.60 (0.38)	0.70 (0.61)	0.79 (0.50)	0.80 (0.55)	0.80 (0.93)	0.65 (0.44)	0.37 (0.51)	0.71 (0.85)
$Edushare$	3.87*** (1.27)	2.98** (1.52)	3.53 (2.16)	3.59* (1.99)	2.03 (2.19)	5.85 (3.73)	3.91** (1.63)	3.52* (1.98)	2.02 (2.72)
$Ks7$	4.00*** (0.44)	3.94*** (0.55)	3.90*** (0.70)	2.09*** (0.58)	1.28* (0.66)	3.57*** (1.00)	5.04*** (0.60)	5.33*** (0.74)	4.04*** (1.00)
$Kewai$	2.30* (1.20)	2.05 (1.25)	2.57 (2.39)	0.99 (1.44)	2.02 (1.40)	-0.94 (2.81)	3.58 (2.24)	0.05 (2.39)	12.21*** (4.52)
$Area$	控制	控制	控制	控制	控制	控制	控制	控制	控制
R^2	0.19	0.24	0.10	0.14	0.19	0.14	0.18	0.21	0.08
obs	2 546	1 609	937	995	582	413	1 551	1 027	524

表8-5报告了学前教育对在学儿童数学分数影响的回归结果。从中可知，学前教育对在学儿童的数学分数有积极影响，特别是对小学阶段的数学成绩影响显著，但城镇和农村的分样本回归结果并不显著。从控制变量来看，其结果与数学等级成绩的回归结果基本一致，即父母受教育年限越高、家庭经济能力越强、孩子对学校及教师的满意度越高，则孩子数学分数越高。其他控制变量对提高儿童的数学分数没有明显作用，在此不再详细讨论。

表 8-5　学前教育对儿童数学分数影响的回归结果（OLS）

数学分数	整体			城镇			农村		
	(1)	(2)	(3)	(4)	(5)	(6)	(7)	(8)	(9)
	义务教育	小学	初中	义务教育	小学	初中	义务教育	小学	初中
$Wf101$	2.41**	2.27**	2.51	2.56	1.37	3.77	1.88	1.61	2.41
	(0.97)	(1.03)	(1.92)	(2.05)	(2.17)	(3.65)	(1.20)	(1.27)	(2.49)
$Gender$	−0.58	−0.42	−0.62	−1.98*	−1.73	−2.53	0.23	0.13	0.89
	(0.79)	(0.84)	(1.61)	(1.20)	(1.20)	(2.33)	(1.05)	(1.12)	(2.26)
Age	−0.34	−0.71*	−1.37	−0.81**	−1.65**	−0.52	−0.15	−0.43	−2.36*
	(0.25)	(0.37)	(0.88)	(0.37)	(0.66)	(1.25)	(0.33)	(0.43)	(1.23)
$Fedu$	0.59***	0.56***	0.59**	0.35*	0.05	0.72**	0.67***	0.69***	0.56*
	(0.12)	(0.13)	(0.23)	(0.19)	(0.21)	(0.34)	(0.16)	(0.17)	(0.32)
$Medu$	0.49***	0.31**	0.77***	0.36**	0.24	0.59*	0.58***	0.36**	0.94***
	(0.12)	(0.12)	(0.23)	(0.17)	(0.18)	(0.31)	(0.16)	(0.16)	(0.33)
$Income$	1.45***	1.45***	1.36	2.76***	2.86***	2.61**	0.60	0.46	0.80
	(0.45)	(0.49)	(0.91)	(0.64)	(0.65)	(1.33)	(0.64)	(0.69)	(1.31)
$Edushare$	3.80**	1.51	6.88**	2.24	−0.81	6.95	4.52**	2.57	6.45
	(1.69)	(0.49)	(3.30)	(2.79)	(3.09)	(5.20)	(2.13)	(2.25)	(4.38)
$Ks7$	5.24***	4.69***	6.28***	3.58**	1.91**	5.99***	6.15***	6.04***	6.36***
	(0.58)	(0.64)	(1.13)	(0.85)	(0.81)	(1.61)	(0.77)	(0.85)	(1.58)
$Kewai$	2.83*	1.76	4.66	2.54	1.50	4.20	4.23	2.47	8.26
	(1.59)	(1.52)	(3.42)	(1.97)	(1.79)	(4.04)	(3.11)	(3.06)	(7.40)
$Area$	控制	控制	控制	控制	控制	控制	控制	控制	控制
R^2	0.15	0.20	0.12	0.12	0.15	0.13	0.13	0.18	0.10
obs	2 518	1 600	918	990	583	407	1 528	1 017	511

（三）稳健检验

为了检验结果的稳健性，本书通过三种途径进行稳健检验：一是采用 OLS 方法替代有序 Logit 对语文和数学等级成绩回归；二是采用分位数回归方法对语文和数学分数进行回归；三是采用 PSM 方法计算学前教育对儿

第八章　学前教育对城乡儿童早期发展的影响研究

童语文和数学分数的平均处理效应，其结果如表8-6和表8-7所示。

其中，表8-6报告了OLS和分位数回归结果。从中可知，学前教育对儿童语文和数学的等级成绩等有明显的提高作用；其中，对小学阶段学生的影响更显著，对初中阶段学生则基本没有明显的影响。此外，分位数回归结果显示，学前教育对儿童的语文和数学分数均有提升作用；其中，对农村儿童的作用尤为显著，这与前文中的回归结果表现基本一致。

表8-6　学前教育对儿童学业成绩影响的稳健检验结果

		OLS		分位数回归					
		（1）	（2）	（3）	（4）	（5）	（6）	（7）	（8）
		语文等级成绩	数学等级成绩	语文分数 q_{25}	语文分数 q_{50}	语文分数 q_{75}	数学分数 q_{25}	数学分数 q_{50}	数学分数 q_{75}
整体	义务教育	-0.18*** (0.04)	-0.14*** (0.04)	3.23*** (1.05)	3.42*** (0.69)	2.34*** (0.40)	2.12* (1.26)	2.85** (1.30)	1.72* (1.02)
	小学	-0.22*** (0.05)	-0.14*** (0.06)	4.86*** (1.61)	3.68*** (0.98)	2.60*** (0.88)	4.87*** (1.76)	2.63** (1.06)	1.84** (0.76)
	初中	-0.10 (0.06)	-0.13* (0.07)	-0.62 (1.82)	1.88 (1.50)	-0.01 (2.28)	0.86 (3.36)	1.78 (2.95)	2.43 (3.59)
城镇	义务教育	-0.21** (0.08)	-0.14 (0.09)	2.97 (2.54)	3.62*** (1.21)	1.78 (1.33)	-0.52 (3.30)	1.84 (1.42)	2.79 (2.31)
	小学	-0.24* (0.12)	-0.10 (0.13)	4.45* (2.53)	5.34*** (1.78)	2.74 (1.67)	-2.10 (3.34)	1.27 (1.73)	0.61 (2.06)
	初中	-0.17 (0.11)	-0.19 (0.14)	-0.17 (2.99)	2.45 (2.80)	1.60 (2.97)	4.53 (4.44)	3.18 (4.27)	8.92* (5.32)
农村	义务教育	-0.18*** (0.05)	-0.15*** (0.05)	1.68 (1.12)	3.19*** (0.64)	2.42*** (0.65)	0.82 (1.72)	2.21 (1.45)	1.38* (0.80)
	小学	-0.22*** (0.06)	-0.16** (0.07)	2.93** (1.34)	2.75*** (1.07)	2.59** (1.22)	2.38 (2.18)	2.07* (1.13)	0.91 (1.24)
	初中	-0.07 (0.08)	-0.11 (0.10)	-2.13 (2.17)	2.42 (1.58)	0.80 (2.98)	-0.33 (5.38)	2.69 (3.71)	3.86 (3.58)

注：控制变量的回归结果与本书前文中的回归结果类似，限于篇幅，表8-6中仅列出核心变量的估计结果。

表 8-7 报告了学前教育对在学儿童语文和数学分数的 PSM 处理效应结果。从中可知，学前教育对儿童的分数提升有促进作用，特别是对农村小学阶段儿童的成绩提升作用更明显。这与前文中的回归结果表现一致，说明回归结果是稳健的。

表 8-7　学前教育对儿童学业成绩影响的 PSM 处理效应

		语文分数			数学分数		
		ATT	标准差	T 值	ATT	标准差	T 值
整体	义务教育	3.78	1.37	2.77***	2.85	1.70	1.67*
	小学	5.69	1.69	3.38***	4.16	1.84	2.27**
	初中	1.70	1.90	0.89	1.52	2.98	0.51
城镇	义务教育	2.94	2.97	0.99	2.89	3.73	0.78
	小学	1.82	3.88	0.47	-2.12	4.10	-0.52
	初中	3.85	4.05	0.95	5.69	6.01	0.95
农村	义务教育	2.21	1.29	1.72*	2.16	1.56	1.38
	小学	4.31	1.61	2.67***	3.69	1.72	2.15**
	初中	-0.36	2.05	-0.18	-0.49	3.19	-0.15

注：笔者在采用 PSM 方法时的第一步是运用 Logit 模型进行估计，选取的变量包括儿童特征（孩子年龄、性别等）、家庭资本（父母文化程度、家庭收入水平、家庭教育观念等），同时控制地区效应，其结果与本书前面的结果相近，限于篇幅，在此不予列出；表 8-7 中采用的是近邻匹配法，笔者尝试过半径匹配法和核匹配法，其结果相近，所以在此仅列出近邻匹配法的结果；笔者对所有的匹配均进行了平衡性检验，经匹配后的 Pseudo R^2 的值都很小，标准误差大幅下降，匹配后的 β 值基本小于 25%，匹配估计结果稳健可靠，限于篇幅，平衡检验结果在此不予列出。

二、担任班干部

（一）学前教育与儿童担任班干部的关系：基于统计分析

获得过学前教育机会的儿童在学期间担任班干部的概率更大，且对城镇儿童的影响程度更大（图 8-3）。从整体来看，35% 的儿童担任过班干部，65% 的儿童未担任过班干部；在上过幼儿园的儿童中，有 40% 担任过班干部，有 60% 未担任过。由此从统计上可以初步判断，上过幼儿园的儿童在学期间担任班干部的概率更大。对于城镇儿童而言,总体看有41%担任过班干部,上过幼儿园的城镇儿童中则有43%担任过班干部,远高于未上过幼儿园的城镇儿童。对于农村儿童而言,有31%担任过班干部,上过幼儿园的农村儿童中则有36%担任过班干部。从中可知,对于城乡儿童来说,上过幼儿园的儿童在学期间当选班干部的概率均有所增加,其中城镇儿童的增加幅度更大。

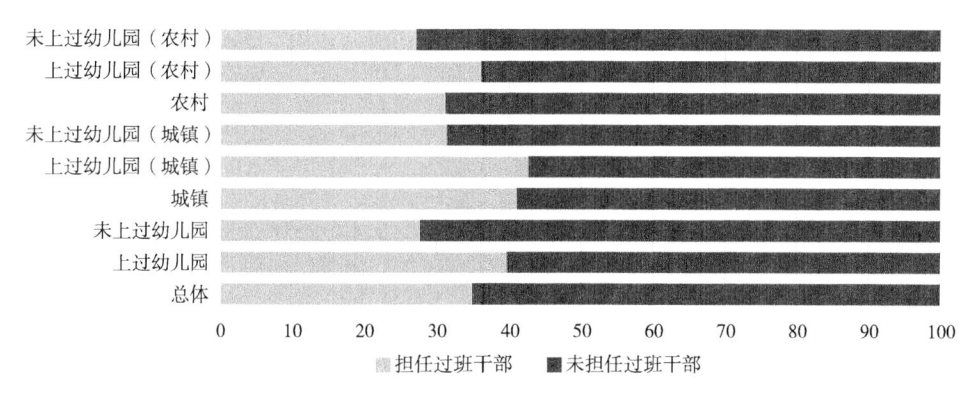

图 8-3 城乡在学儿童是否担任过班干部与是否获得过学前教育的关系 (CFPS,单位:%)

(二) 学前教育对儿童担任班干部影响的回归结果

表 8-8 报告了学前教育对儿童当选学生干部的影响。结果显示,获得过学前教育的儿童在学期间担任学生干部的概率更大,特别是在其初中阶段的作用更明显。从城乡情况来看,获得学前教育对农村儿童在整个义务教育阶段能否当选班干部均有促进作用,在初中阶段则对城镇儿童的影响更大。此外,孩子性别、家庭经济能力、学校质量和课外辅导均会对孩子当选班干部的概率产生影响。例如,女生当选班干部的概率更大。此外,家庭收入水平越高、孩子对学校及教师的满意度越高、参与的课外辅导越多,则孩子当选班干部的概率也越大。

表 8-8　学前教育对儿童当选班干部影响的回归结果（Logit 模型）

是否担任过班干部	整体			城镇			农村		
	（1）	（2）	（3）	（4）	（5）	（6）	（7）	（8）	（9）
	义务教育	小学	初中	义务教育	小学	初中	义务教育	小学	初中
$Wf101$	0.32*** (0.10)	0.16 (0.13)	0.56*** (0.17)	0.17 (0.21)	-0.29 (0.29)	0.70** (0.31)	0.35*** (0.12)	0.29* (0.15)	0.46** (0.22)
$Gender$	-0.36*** (0.08)	-0.29*** (0.11)	-0.49*** (0.14)	-0.35*** (0.13)	-0.29* (0.18)	-0.43** (0.21)	-0.37*** (0.11)	-0.29** (0.14)	-0.55*** (0.19)
Age	0.03 (0.02)	0.03 (0.04)	-0.01 (0.08)	0.04 (0.04)	0.04 (0.08)	-0.01 (0.11)	0.03 (0.03)	0.02 (0.05)	-0.01 (0.11)
$Fedu$	0.02 (0.01)	0.03* (0.02)	0.01 (0.02)	0.01 (0.02)	0.02 (0.03)	-0.01 (0.03)	0.02 (0.02)	0.03 (0.02)	0.01 (0.03)
$Medu$	0.02** (0.01)	0.03** (0.02)	0.01 (0.02)	0.01 (0.02)	0.02 (0.03)	0.01 (0.03)	0.03* (0.02)	0.04** (0.02)	0.01 (0.03)
$Income$	0.11** (0.05)	0.14** (0.06)	0.04 (0.08)	0.18** (0.08)	0.32*** (0.10)	-0.02 (0.13)	0.05 (0.06)	0.03 (0.08)	0.07 (0.11)
$Edushare$	-0.06 (0.18)	0.31 (0.23)	-0.63** (0.28)	-0.02 (0.29)	0.33 (0.39)	-0.45 (0.47)	-0.07 (0.22)	0.30 (0.29)	-0.71* (0.37)
$Ks7$	0.32*** (0.06)	0.32*** (0.08)	0.32*** (0.10)	0.30*** (0.09)	0.26** (0.12)	0.35** (0.14)	0.34*** (0.08)	0.35*** (0.10)	0.31** (0.14)
$Kewai$	0.59*** (0.17)	0.51** (0.21)	0.77*** (0.29)	0.70*** (0.22)	0.62** (0.28)	0.84** (0.35)	0.26 (0.32)	0.18 (0.39)	0.57 (0.57)
$Area$	控制	控制	控制	控制	控制	控制	控制	控制	控制
$Pseudo\ R^2$	0.04	0.04	0.05	0.04	0.05	0.05	0.03	0.03	0.04
obs	2 625	1 662	963	1 010	594	416	1 615	1 068	547

三、就读重点班

（一）学前教育与儿童就读重点班的关系：基于统计分析

获得过学前教育的儿童在学期间就读重点班的概率更大，且对城镇儿童的影响更大（图 8-4）。从儿童整体来看，有 25% 的儿童就读于重点班、75% 的儿童则未就读重点班。其中，上过幼儿园者中有 27% 就读于重点班，超过未上过幼儿园者。就城镇儿童而言，有 28% 的人就读于重点班。其中，上过幼儿园者中有 30% 就读于重点班，远高于未上过幼儿园者。就农村儿童而言，有 22% 的人就读于重点班。其中，上过幼儿园者中有 24% 就读于重点班，也高于未上过幼儿园者就读重点班的概率。由此，从统计上初步推断，学前教育有助于儿童就读重点班。

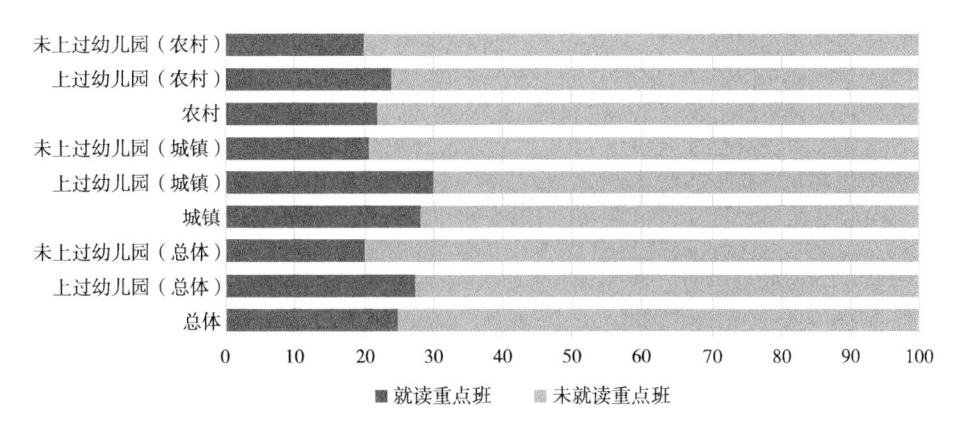

图 8-4 城乡在学儿童是否就读重点班与是否获得过学前教育的关系（CFPS，单位：%）

（二）学前教育对儿童就读重点班影响的回归结果

表 8-9 报告了学前教育对儿童就读重点班的影响。从回归结果可知，上过幼儿园的儿童更容易就读于重点班；特别是，该回归结果对农村儿童的影响显著性更强，但对城镇儿童的作用并不显著。从控制变量看，女生更容易进入重点班，且对学校及教师满意度越高的孩子越容易进入重点班。此外，父母文化、家庭收入能力、教育观念、课外辅导等对儿童能否就读重点班没有显著影响。

表 8-9　学前教育对儿童就读重点班影响的回归结果（Logit 模型）

是否就读重点班	整体			城镇			农村		
	（1）	（2）	（3）	（4）	（5）	（6）	（7）	（8）	（9）
	义务教育	小学	初中	义务教育	小学	初中	义务教育	小学	初中
$Wf101$	0.58***	0.62**	0.47*	0.36	1.67	-0.21	0.73***	0.62*	0.76**
	(0.20)	(0.31)	(0.26)	(0.36)	(1.17)	(0.43)	(0.25)	(0.36)	(0.36)
$Gender$	-0.54***	-0.50*	-0.42**	-0.43*	-0.50	-0.14	-0.69***	-0.50	-0.75**
	(0.16)	(0.27)	(0.21)	(0.23)	(0.40)	(0.29)	(0.24)	(0.37)	(0.33)
Age	0.24***	-0.19*	0.35**	0.30***	-0.32	0.43**	0.21***	-0.09	0.35
	(0.05)	(0.12)	(0.14)	(0.08)	(0.20)	(0.18)	(0.08)	(0.15)	(0.25)
$Fedu$	0.03	-0.01	0.05	0.01	-0.03	0.03	0.03	-0.01	0.05
	(0.03)	(0.04)	(0.03)	(0.04)	(0.07)	(0.04)	(0.04)	(0.05)	(0.06)
$Medu$	0.02	0.02	0.01	0.04	0.04	0.05	-0.01	0.01	-0.04
	(0.02)	(0.04)	(0.03)	(0.03)	(0.06)	(0.04)	(0.04)	(0.06)	(0.05)
$Income$	-0.01	-0.02	-0.01	0.09	0.16	0.09	-0.14	-0.22	-0.09
	(0.09)	(0.13)	(0.13)	(0.13)	(0.22)	(0.20)	(0.14)	(0.24)	(0.19)
$Edushare$	0.37	0.47	0.14	0.06	1.19*	-0.88	0.59	-0.21	0.90
	(0.32)	(0.48)	(0.44)	(0.50)	(0.71)	(0.68)	(0.44)	(0.69)	(0.62)
$Ks7$	0.34***	0.45**	0.33**	0.35**	0.58*	0.30	0.38**	0.43	0.43*
	(0.11)	(0.20)	(0.14)	(0.15)	(0.33)	(0.19)	(0.17)	(0.28)	(0.23)
$Kewai$	-0.05	-0.33	0.05	0.32	0.27	0.01	-1.17	-2.10*	-0.33
	(0.29)	(0.44)	(0.41)	(0.35)	(0.59)	(0.47)	(0.72)	(1.22)	(1.04)
$Area$	控制	控制	控制	控制	控制	控制	控制	控制	控制
$Pseudo\ R^2$	0.07	0.07	0.05	0.07	0.12	0.05	0.09	0.09	0.09
obs	816	423	393	397	190	207	419	233	186

四、结果讨论

本节主要分析了学前教育对在学儿童学业表现的影响，分别从其语文和数学成绩、是否担任过班干部和是否就读重点班等三个方面进行考察。结果发现，学前教育对城乡儿童的学业发展均有显著的提升作用，特别是对小学阶段学生的影响效果更强、影响程度更大。具体结论如下。

第一，经由统计上的初步判断可知，获得过学前教育机会的儿童成绩表现更加优秀，其在学期间担任班干部和就读重点班的概率也更大。

第二，实证回归结果显示，获得过学前教育儿童的语文和数学成绩表现更好，其中对小学阶段儿童的影响更大，对初中阶段儿童的影响作用不显著。从城乡儿童的比较来看，学前教育对城乡儿童语文和数学成绩的提高均有显著的促进作用，其中对农村小学阶段儿童的影响更显著，特别是对低分数儿童群体的提升作用更明显。从当选班干部和就读重点班的情况来看，获得学前教育的儿童在学期间担任学生干部的概率更大，特别是，学前教育对学生在初中阶段担任学生干部的作用更大；就城乡之间而言，学前教育对农村儿童在整个义务教育阶段之中当选班干部方面都有促进作用，但就初中阶段而言则对城镇儿童的影响更大。此外，获得过学前教育的儿童有更大的可能就读重点班，特别是，这对农村儿童的影响更加显著。

第三，从控制变量来看，孩子年龄、孩子性别、父母文化程度、家庭经济能力、学校质量和课外辅导对儿童的学业发展均有显著作用。具体而言，孩子年龄越小，则其数学成绩表现越好。女生的语文成绩表现更好，其当选班干部和就读重点班的概率也更大。父母的文化程度越高，则孩子的成绩越好，其中来自父亲的影响更大。特别是，对高年级学生的学业成绩表现和农村儿童而言，父亲教育的代际外溢效应更明显。家庭经济能力越强，越有助于提高孩子的学业成绩，提高孩子当选班干部的概率，但其作用不是特别显著。学校质量对提高孩子成绩、助力其当选班干部和就读重点班至关重要。孩子对学校和教师的满意度越高，则其学业表现越好。特别是，学校质量对农村地区小学阶段儿童的影响更大，对城镇地区初中阶段儿童的影响也更大。此外，参与课外辅导越多，则孩子当选班干部的概率越大。

第三节 学前教育对城乡儿童社交能力的影响

一、社交能力概况

（一）学前教育与儿童社交能力的关系：基于统计分析

获得过学前教育机会的儿童在社交能力上的表现更好（图8-5）。从儿童整体来看，社交能力中等及以上者占比96%，其中社交能力表现好者占比31%；上过幼儿园的儿童中社交能力在中等及以上者占比97%，其中社交能力表现好者占比38%。这说明，上过幼儿园者中的社交能力表现为中等及以上者的水平与整体相近，但其中社交能力表现好者则更多，且远高于未上过幼儿园的儿童群体（表现好者占24%）。从城乡儿童的差距看，城镇、农村儿童的社交能力在中等及以上者分别占比97%、95%，表现好的儿童分别占比37%、27%。这说明，城乡儿童的社交能力基本处于中等及以上水平，但城镇儿童中社交能力表现好者更多。就上过幼儿园的儿童而言，城镇、农村儿童中社交能力表现好者分别占比39%、32%；就未上过幼儿园的儿童而言，城镇、农村儿童中社交能力表现好者分别占比25%、24%。这说明，获得学前教育对提升城乡儿童的社交能力均是有益的，且相对来说对城镇儿童的影响更大。

（二）学前教育对儿童社交能力影响的回归结果

就学前教育对儿童社交能力的影响而言，本书采用社交能力评级这一指标衡量，所得回归结果如表8-10所示。模型（1）至模型（3）是义务教育阶段儿童的整体样本，其中，模型（2）、模型（3）分别针对小学和初中的子样本展开回归，模型（4）至模型（6）和模型（7）至模型（9）分别是义务教育阶段城镇儿童和农村儿童的社交能力表现。

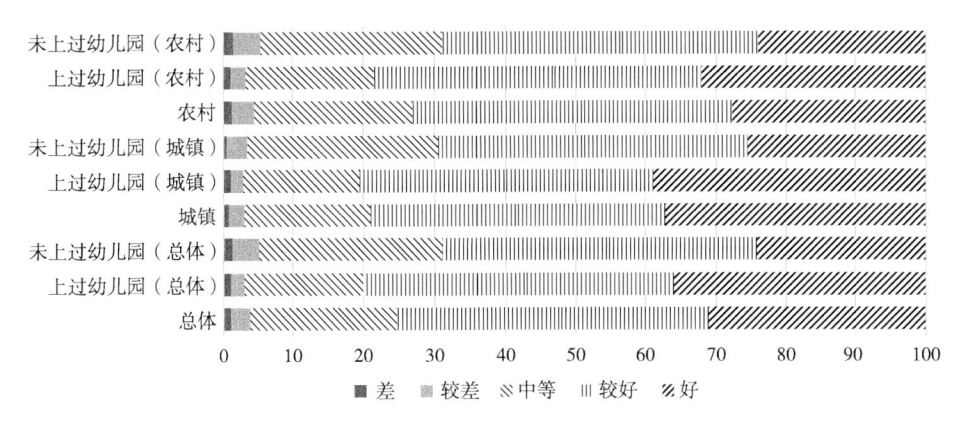

图 8-5 城乡在学儿童社交能力与获得学前教育的关系（CFPS，单位：%）

表 8-10 学前教育对儿童社交能力影响的回归结果（有序 Logit 模型）

社交能力评级	整体			城镇			农村		
	（1）	（2）	（3）	（4）	（5）	（6）	（7）	（8）	（9）
	义务教育	小学	初中	义务教育	小学	初中	义务教育	小学	初中
Wf101	0.24*** (0.08)	0.14 (0.11)	0.40*** (0.14)	0.44*** (0.17)	0.51** (0.23)	0.29 (0.26)	0.22** (0.10)	0.12 (0.13)	0.43** (0.18)
Gender	-0.12* (0.07)	-0.11 (0.09)	-0.12 (0.12)	-0.06 (0.12)	-0.01 (0.15)	-0.15 (0.19)	-0.15* (0.09)	-0.17 (0.11)	-0.06 (0.17)
Age	0.05** (0.02)	-0.01 (0.04)	0.05 (0.07)	0.06* (0.04)	-0.08 (0.07)	0.09 (0.10)	0.04 (0.03)	0.01 (0.04)	0.02 (0.10)
Fedu	-0.01 (0.01)	0.01 (0.01)	-0.03* (0.02)	-0.04** (0.02)	-0.04 (0.03)	-0.06** (0.03)	0.02 (0.01)	0.03* (0.02)	-0.02 (0.02)
Medu	0.03*** (0.01)	0.03* (0.01)	0.04** (0.02)	0.06*** (0.02)	0.06** (0.02)	0.07** (0.03)	0.01 (0.01)	0.01 (0.01)	0.01 (0.02)
Income	0.03 (0.04)	0.03 (0.05)	0.01 (0.07)	0.04 (0.06)	0.01 (0.07)	0.09 (0.11)	0.03 (0.06)	0.08 (0.07)	-0.08 (0.09)
Edushare	0.24* (0.15)	0.14 (0.19)	0.37 (0.23)	0.19 (0.25)	0.22 (0.33)	0.10 (0.39)	0.25 (0.18)	0.04 (0.24)	0.58* (0.30)
Ks7	0.51*** (0.05)	0.54*** (0.07)	0.48*** (0.09)	0.51*** (0.09)	0.50*** (0.12)	0.54*** (0.14)	0.51*** (0.07)	0.55*** (0.09)	0.43*** (0.13)

续表

社交能力评级	整体			城镇			农村		
	(1)	(2)	(3)	(4)	(5)	(6)	(7)	(8)	(9)
	义务教育	小学	初中	义务教育	小学	初中	义务教育	小学	初中
$Kewai$	0.15 (0.16)	0.06 (0.20)	0.34 (0.27)	0.25 (0.20)	0.20 (0.26)	0.29 (0.32)	−0.27 (0.27)	−0.41 (0.33)	0.11 (0.46)
$Area$	控制	控制	控制	控制	控制	控制	控制	控制	控制
$Pseudo\ R^2$	0.03	0.03	0.03	0.04	0.04	0.04	0.02	0.03	0.02
obs	2 724	1 728	996	1 053	619	434	1 671	1 109	562

注：笔者对各组方程也采用了 OLS 回归，其结果相近，限于篇幅，在此仅列出有序 Logit 模型的回归结果。

回归结果显示，上过幼儿园的儿童的社交能力表现更好。特别是，幼儿园就读经历对城镇小学阶段儿童和农村初中阶段儿童的影响更明显、作用更大。从控制变量来看，母亲的文化水平和学校质量对孩子的社交能力有显著的影响。母亲的文化水平越高，则孩子的社交表现越好，特别是，对初中阶段儿童的影响更大。就城乡之间而言，幼儿园就读经历对城镇儿童的影响更大。就学校质量方面而言，孩子对学校的满意度越高，则其社交表现越好，且学校质量对城乡儿童均有显著影响。其中，学校质量对城镇初中阶段儿童和农村小学阶段儿童的影响更大。此外，义务教育阶段女生的社交表现更好，孩子年龄越大则其社交能力也越强，但上述影响不是很显著。其他控制变量对儿童的社交表现则没有显著影响，在此不再讨论。

二、交友能力

（一）学前教育与儿童交友能力的关系：基于统计分析

获得过学前教育机会的儿童在交友能力上的表现更好（图 8-6）。从是否有好朋友这个指标看，91%的儿童有好朋友，仅有 9%的儿童没有朋友交往；在上过幼儿园的儿童中后一比例降低到 5%以下，在未上过幼儿园的儿

第八章　学前教育对城乡儿童早期发展的影响研究

童中后一比例则超过15%。也就是说，获得过学前教育的儿童在交友方面展现了更强的能力。对比城乡儿童可以发现，城镇儿童中的95%都有好朋友，农村儿童的这一比例则为88%；在上过幼儿园的儿童中，城镇儿童里超过96%者有好朋友，农村儿童中的近94%也有好朋友。这说明，学前教育对城乡儿童的交友能力均有促进作用，此外整体上看城镇儿童的交友能力略高于农村儿童。

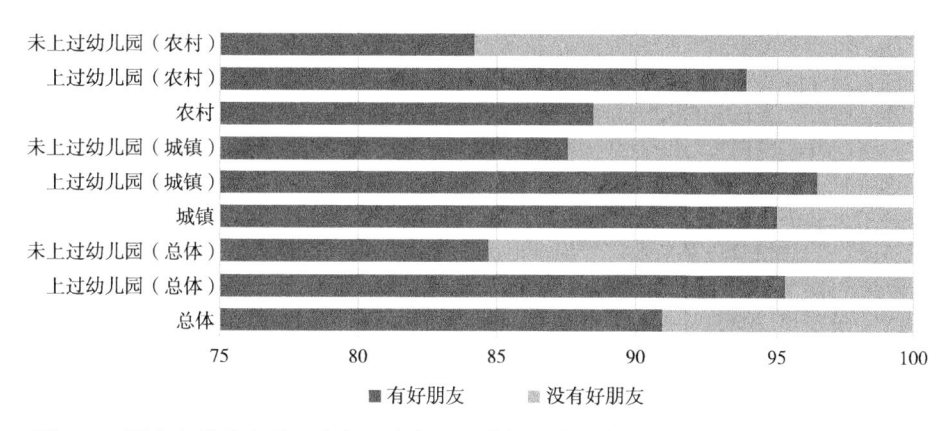

图8-6　城乡在学儿童是否有好朋友与是否获得过学前教育的关系（CFPS，单位：%）

从儿童的好朋友数量来看，获得过学前教育的儿童拥有的好朋友数量更多（图8-7）。整体来看，6~15岁儿童拥有10个以上好朋友者占多数，占比近52%；拥有3~5个好朋友的次之，占比23%。在上过幼儿园的儿童中，拥有10个以上好朋友的比重提高到55%，拥有6~8个好朋友和9~10个好朋友的儿童比重也都有所提高，拥有3~5个好朋友和不足3个好朋友的儿童比重则有所下降；而在未上过幼儿园的儿童中，其分布刚好相反。这说明获得过学前教育的儿童在好朋友数量上也明显更多。从城乡儿童比较看，城镇儿童拥有3~10个好朋友的比重超过农村儿童，而农村儿童拥有10个以上和3个以下好朋友的比重超过城镇，呈现两极分化的状态。相比未上过幼儿园的儿童，上过幼儿园的城乡儿童拥有好朋友的数量均有所提升。这说明，学前教育对增加城乡儿童好朋友数量均有促进作用，其中对农村儿童的促进作用更大。

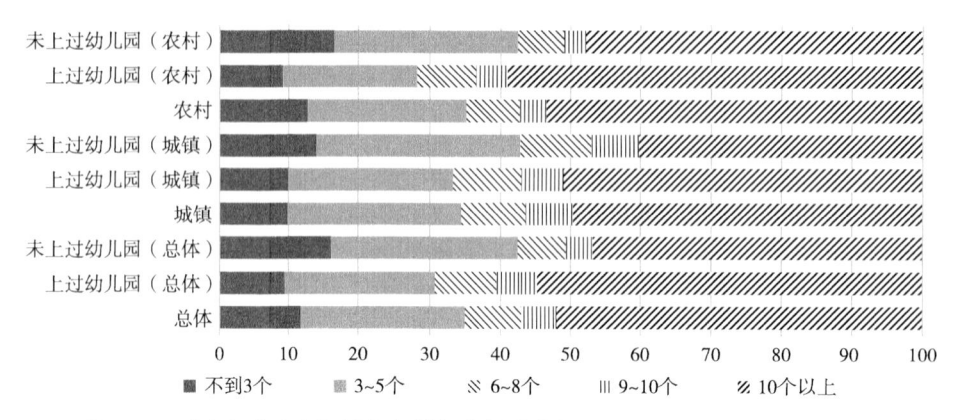

图 8-7 城乡在学儿童好朋友数量与获得学前教育的关系（CFPS，单位:%）

（二）学前教育对儿童交友能力影响的回归结果

在学前教育对儿童交友能力的影响方面，本书采用是否有好朋友这一指标来进行衡量，所得回归结果如表 8-11 所示。由回归结果可知，上过幼儿园的儿童，有好朋友的概率更大，且上过幼儿园与否对初中阶段学生的影响更大。从城乡之间的情况来看，学前教育对农村儿童拥有好朋友的影响更显著，特别是对初中阶段学生的影响更大，对城镇初中阶段学生的影响则并不明显。从控制变量来看，孩子年龄、父母文化水平和学校质量对提升孩子交友能力有显著的促进作用。例如，孩子年龄越大，拥有好朋友的概率也越大，随着年龄的增长，孩子的心智更加成熟，交友能力明显提升，年龄对城镇小学阶段儿童和农村初中阶段儿童的影响更大。此外，父亲文化水平越高，孩子的社交能力也就越好，这对农村儿童的影响更加显著，对城镇儿童的影响则不明显；母亲文化水平对孩子交友也有促进作用，特别是对农村初中阶段学生的作用更加显著。学校质量也有助于提高孩子的交友能力，孩子对学校满意度越高，则拥有好朋友概率越大，这一点对农村地区小学阶段儿童的影响更加显著，对城镇儿童和初中阶段学生的作用则不明显。此外，家庭经济能力和课外辅导也有助于孩子结交朋友，但作用不是很明显。其他控制变量对孩子结交朋友没有显著影响，在此不再讨论。

表 8-11 学前教育对儿童交友影响的回归结果（Logit 模型）

是否有好朋友	整体			城镇			农村		
	（1）	（2）	（3）	（4）	（5）	（6）	（7）	（8）	（9）
	义务教育	小学	初中	义务教育	小学	初中	义务教育	小学	初中
Wfl01	0.80***	0.69***	1.04***	0.83*	1.04*	0.57	0.68***	0.55**	1.01***
	（0.17）	（0.20）	（0.30）	（0.47）	（0.56）	（0.82）	（0.19）	（0.23）	（0.37）
Gender	0.04	0.22	-0.38	0.09	0.48	-0.84	-0.01	0.12	-0.28
	（0.14）	（0.17）	（0.26）	（0.34）	（0.40）	（0.65）	（0.16）	（0.20）	（0.29）
Age	0.19***	0.27***	0.27*	0.28**	0.51**	-0.04	0.16***	0.24***	0.33**
	（0.04）	（0.06）	（0.14）	（0.11）	（0.21）	（0.31）	（0.05）	（0.07）	（0.16）
Fedu	0.07***	0.08***	0.08**	-0.03	-0.03	-0.05	0.09***	0.09***	0.10***
	（0.02）	（0.02）	（0.03）	（0.05）	（0.06）	（0.11）	（0.02）	（0.03）	（0.04）
Medu	0.05**	0.04	0.07**	0.05	0.06	0.05	0.05**	0.05	0.08**
	（0.02）	（0.03）	（0.04）	（0.05）	（0.06）	（0.09）	（0.02）	（0.03）	（0.04）
Income	0.16*	0.24**	-0.07	0.05	0.09	0.01	0.16	0.28**	-0.13
	（0.09）	（0.10）	（0.19）	（0.20）	（0.21）	（0.40）	（0.11）	（0.12）	（0.23）
Edushare	0.23	0.58	-0.30	0.14	1.02	-1.27	0.23	0.41	0.04
	（0.29）	（0.40）	（0.46）	（0.68）	（0.87）	（1.11）	（0.33）	（0.45）	（0.54）
Ks7	0.45***	0.54***	0.21	0.15	0.13	0.16	0.52***	0.63***	0.19
	（0.09）	（0.10）	（0.19）	（0.23）	（0.28）	（0.45）	（0.09）	（0.11）	（0.22）
Kewai	0.48	0.62	0.25	1.72*	1.73*	1.43	-0.12	0.20	-0.82
	（0.41）	（0.50）	（0.76）	（0.92）	（1.03）	（1.73）	（0.47）	（0.57）	（0.96）
Area	控制	控制	控制	控制	控制	控制	控制	控制	控制
Pseudo R^2	0.11	0.12	0.09	0.07	0.10	0.07	0.10	0.13	0.08
obs	2 730	1 734	996	1 055	621	434	1 675	1 113	562

三、稳健检验

为进一步检验学前教育对儿童交友能力的影响，本书采用替换变量和替换回归方法这两个途径开展稳健性检验，具体包括三种形式：一是替换变量，采用是否上网作为儿童对外交往的衡量指标，重新对整体和城乡儿童进行回归；二是采用好朋友数量替代是否有好朋友重新回归；三是采用分位数回归方法重新回归原方程，结果如表8-12所示。

表8-12 学前教育对儿童社交能力影响的稳健检验结果

		Logit	OLS	分位数回归		
		是否上网	好朋友数量	好朋友数量 q_{25}	好朋友数量 q_{50}	好朋友数量 q_{75}
整体	义务教育	1.08*** (0.14)	1.48*** (0.37)	0.47** (0.20)	0.62*** (0.12)	1.41*** (0.36)
	小学	1.20*** (0.22)	1.30*** (0.44)	1.00*** (0.32)	0.66*** (0.23)	1.60** (0.66)
	初中	1.00*** (0.18)	1.62*** (0.63)	0.31* (0.16)	0.65*** (0.19)	1.18** (0.56)
城镇	义务教育	0.61*** (0.23)	-0.11 (0.84)	0.01 (0.40)	0.26 (0.36)	-0.13 (0.86)
	小学	0.86** (0.38)	0.04 (1.06)	0.01 (0.47)	-0.18 (0.41)	0.60 (0.75)
	初中	0.52* (0.31)	-0.26 (1.31)	0.16 (0.34)	0.36 (0.61)	-1.34 (1.22)
农村	义务教育	1.02*** (0.18)	1.75*** (0.43)	0.40** (0.20)	0.66*** (0.20)	1.44*** (0.36)
	小学	0.96*** (0.28)	1.30*** (0.49)	1.00*** (0.24)	0.51** (0.25)	1.24* (0.74)
	初中	1.07*** (0.24)	2.45*** (0.81)	0.10 (0.35)	0.83*** (0.28)	1.38** (0.62)

注：控制变量的回归结果与前文回归结果相近，限于篇幅，在此仅列出核心变量的估计结果。

从回归结果可以发现，获得过学前教育可提高儿童上网概率，增加儿童结交的好朋友数量。具体来说，上过幼儿园的儿童，其在学期间上网的概率更大，对外界交流和运用现代化手段获取外界信息的可能性更高，特别是，上过幼儿园的农村儿童的上网概率更高。同时，上过幼儿园的儿童倾向于结交更多的好朋友，这对农村儿童的影响更显著，特别是，上过幼儿园的农村初中阶段学生拥有好朋友的数量更多,不过获得过学前教育这一点对城镇儿童拥有好朋友数量的提高没有明显作用。此外,分位数回归结果与 OLS 回归结果一致,即上过幼儿园的农村儿童拥有好朋友的数量更多,且这一点对小学阶段交友能力不强和特别强的儿童均有更加明显的交友能力提升作用,对初中阶段交友能力特别强的儿童也有更加明显的提升作用。

表 8-13 报告了学前教育对儿童交友数量影响的 PSM 处理效应结果。从中可知,上过幼儿园儿童的交友数量明显增多,特别是,这对农村地区小学阶段儿童的影响更加显著,对城镇儿童和初中阶段儿童的交友数量则没有明显影响。

表 8-13 学前教育对儿童交友数量影响的 PSM 处理效应

		好朋友数量		
		ATT	标准差	*T* 值
整体	义务教育	1.64	0.52	3.14***
	小学	1.93	0.63	3.06***
	初中	1.17	0.85	1.38
城镇	义务教育	0.96	1.37	0.70
	小学	0.95	1.85	0.51
	初中	0.08	1.84	0.05
农村	义务教育	2.32	0.51	4.53***
	小学	1.50	0.61	2.47**
	初中	1.38	1.00	1.37

注:笔者在采用 PSM 方法时的第一步是运用 Logit 模型进行估计(选取的变量同前文),其结果与前文相近,限于篇幅,在此不予列出;表中采用的是近邻匹配法,笔者尝试过半径匹配法和核匹配法,其结果相近,在此仅列出近邻匹配法的结果;笔者对所有的匹配均进行了平衡性检验,匹配后 $Pseudo$-R^2 的值都很小,标准误差大幅下降;匹配后的 β 值基本小于 25%,匹配估计结果稳健可靠,限于篇幅,在此对平衡检验的结果不予列出。

四、结果讨论

本节主要分析了学前教育对在学儿童社交能力表现的影响,分别从社

交等级评分和交友能力两个维度进行考察。结果发现，城镇儿童的社交表现普遍好于农村儿童；学前教育对城乡儿童社交能力的提升均有显著的促进作用。具体结论如下。

第一，经初步统计判断，获得过学前教育的儿童在社交方面的表现更好，在交友方面也展现出了更强的能力，他们更容易结交好朋友，拥有的好朋友数量也更多。经城乡比较发现，城镇儿童社交方面的表现整体上好于农村儿童。从好朋友数量上看，大多数城乡儿童都拥有10个以上好朋友。其中，城镇儿童拥有3~10个好朋友的比重超过农村儿童，农村儿童拥有10个以上和3个以下好朋友的比重则超过城镇，呈现两极分化的状态。如前所述，研究发现学前教育对提升城乡儿童的社交能力均有促进作用。

第二，一系列实证研究的结果表明，学前教育对提升儿童社交能力的作用明显。上过幼儿园的儿童社交评分更高、拥有好朋友的概率更大、对外交往的概率更大、结交好朋友的数量更多。就控制变量而言，孩子年龄、父母文化程度和学校质量对提升孩子社交能力均有显著的促进作用。孩子年龄越大、父母文化程度越高、学校质量越高，则孩子的交友能力越强。

第四节 学前教育对城乡儿童身心健康的影响

一、身体健康概况

（一）学前教育与儿童身体健康的关系：基于统计分析

整体来看，学前教育对儿童身体健康状况的改善作用并不明显。其中，对城镇儿童的身体健康略有改善效果（图8-8）。总体而言，当前我国儿童的健康水平普遍较高，其中非常健康的占75%、很健康的占22%，只有 0.23% 的儿童处于不健康的状态，且上过幼儿园和未上过幼儿园儿童的健康分布状况与儿童的整体健康状况较为相近。对比城乡儿童可知，城镇儿童的健康水平略高于农村儿童。城镇儿童中上过幼儿园者的健康表现略好于未上过幼儿园者。

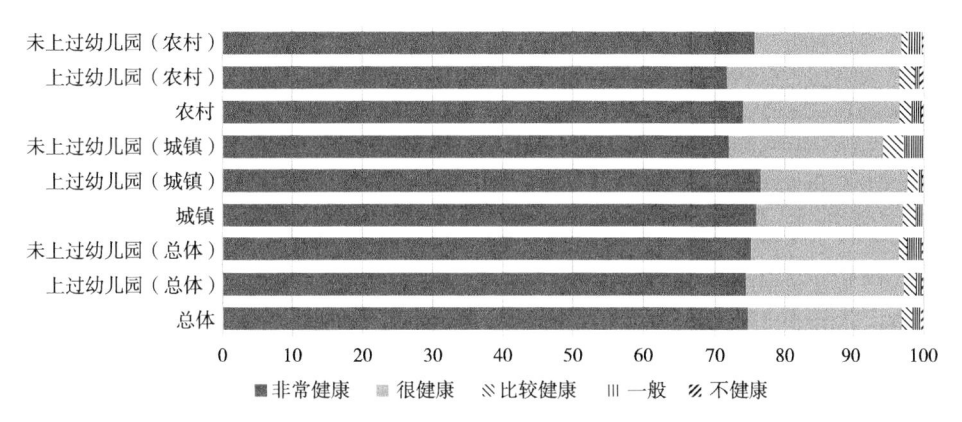

图 8-8　城乡在学儿童身体健康与获得学前教育关系（CFPS，单位：%）

（二）学前教育对儿童身体健康影响的回归结果

就学前教育对儿童身体健康状况的影响而言，本书采用身体健康评级这一指标来进行衡量，所得回归结果如表 8-14 所示。模型（1）至模型（3）是义务教育阶段儿童的整体样本。其中，模型（2）、模型（3）分别针对小学和初中的子样本展开回归，模型（4）至模型（6）和模型（7）至模型（9）分别是义务教育阶段城镇儿童和农村儿童身体健康状况的表现。

表 8-14　学前教育对儿童身体健康影响的回归结果（有序 Logit 模型）

身体健康评级	整体			城镇			农村		
	（1）	（2）	（3）	（4）	（5）	（6）	（7）	（8）	（9）
	义务教育	小学	初中	义务教育	小学	初中	义务教育	小学	初中
$W\!f101$	0.02 (0.10)	0.06 (0.13)	-0.04 (0.17)	-0.50** (0.21)	-0.20 (0.32)	-0.83*** (0.30)	0.19 (0.12)	0.11 (0.15)	0.29 (0.21)

续表

身体健康评级	整体			城镇			农村		
	(1)	(2)	(3)	(4)	(5)	(6)	(7)	(8)	(9)
	义务教育	小学	初中	义务教育	小学	初中	义务教育	小学	初中
Gender	-0.14 (0.09)	-0.21* (0.11)	-0.02 (0.15)	-0.33** (0.15)	-0.30 (0.20)	-0.38* (0.23)	-0.05 (0.11)	-0.17 (0.14)	0.20 (0.19)
Age	0.01 (0.03)	-0.01 (0.04)	-0.04 (0.08)	-0.01 (0.04)	-0.02 (0.09)	-0.01 (0.13)	0.02 (0.03)	-0.01 (0.05)	-0.09 (0.11)
Fedu	-0.01 (0.01)	-0.01 (0.02)	0.01 (0.02)	-0.02 (0.02)	-0.01 (0.03)	-0.03 (0.04)	0.01 (0.02)	-0.01 (0.02)	0.04 (0.03)
Medu	0.01 (0.01)	0.01 (0.02)	-0.01 (0.02)	0.02 (0.02)	0.02 (0.03)	0.01 (0.03)	0.01 (0.02)	0.01 (0.02)	0.01 (0.03)
Income	-0.08 (0.05)	-0.09 (0.06)	-0.08 (0.09)	-0.09 (0.09)	-0.20** (0.10)	0.13 (0.18)	-0.05 (0.06)	-0.01 (0.08)	-0.16 (0.11)
Illshare	0.41** (0.18)	0.35 (0.22)	0.60* (0.32)	0.56* (0.33)	0.48 (0.41)	0.73 (0.55)	0.36* (0.22)	0.29 (0.26)	0.66 (0.42)
Ks7	-0.24*** (0.06)	-0.22*** (0.07)	-0.28*** (0.09)	-0.25*** (0.09)	-0.23* (0.12)	-0.30** (0.14)	-0.24*** (0.07)	-0.22** (0.09)	-0.30** (0.13)
Kewai	0.35** (0.18)	0.40* (0.23)	0.27 (0.28)	0.60*** (0.23)	0.69** (0.30)	0.42 (0.36)	0.40 (0.32)	0.38 (0.41)	0.49 (0.51)
Area	控制	控制	控制	控制	控制	控制	控制	控制	控制
Pseudo R^2	0.01	0.01	0.01	0.02	0.02	0.03	0.01	0.01	0.02
obs	2 731	1 735	996	1 055	621	434	1 676	1 114	562

注：身体健康评级分为非常健康、很健康、比较健康、一般健康、不健康几档，依次赋值为1、2、3、4、5，即身体越健康、赋值越小，因而学前教育对身体健康评级的回归系数为负，表明学前教育有助于提高身体健康水平。笔者对各组方程也采用了OLS回归，其结果相近，限于篇幅，在此仅列出有序Logit模型的回归结果。

由回归结果可知，学前教育对改善儿童健康有促进作用，特别是，对城镇初中阶段学生的影响显著，对农村儿童和小学阶段儿童的健康影响则并不显著。从控制变量来看，学校质量对孩子健康状况有显著影响。孩子对学校满意度越高，则孩子健康表现越好，这一点对初中阶段学生的影响更大。其可能的原因是，孩子越喜欢学校和老师，则参与学校各类活动的积极性越高，对孩子健康状况的改善也越明显。从孩子性别来看，男生的健康状况好于女生，但性别影响的显著性不强。此外，课外辅导对孩子健康不利。其可能的原因是，课外辅导给孩子造成了一定的压力，因而对他们的健康有不利影响。其他控制变量对儿童健康则没有显著影响，在此不再讨论。

二、健康行为习惯

（一）学前教育与儿童健康行为习惯的关系：基于统计分析

学前教育有助于城乡儿童养成良好的健康行为习惯，对城镇儿童影响更大（图8-9）。本书以6~15岁儿童锻炼频率反映儿童的健康行为习惯，可以看出，大多数儿童每周至少锻炼2~3次，其中坚持每天锻炼的儿童占比32%，是否获得学前教育对儿童整体健康习惯培养没有显著效果。从城乡比较看，城镇儿童每周2~3次锻炼的人数最多，每月1次、每月2~3次和每周2~3次锻炼的儿童占比均超过农村儿童，而农村儿童坚持每天锻炼的人数最多，占比34%，但从不锻炼的儿童比重也超过城镇，呈现两极分化状态；是否上过幼儿园对城乡儿童的锻炼频率均有提升作用，其中，城镇儿童坚持每天锻炼的儿童比重提升了超过7个百分点、从不锻炼的儿童比重降低了超过7个百分点，农村儿童坚持每天锻炼的儿童比重提升了将近2个百分点、从不锻炼的儿童比重降低了将近3个百分点。

（二）学前教育对儿童健康行为习惯影响的回归结果

表8-15报告了学前教育对儿童健康行为习惯的影响。结果发现，学前教育有助于儿童养成锻炼习惯，特别是对小学阶段儿童的影响更为显著、影响程度更大，对初中阶段学生的影响则并不明显。从控制变量来看，孩子性别、孩子年龄、父母文化程度、学校质量等对儿童健康行为习

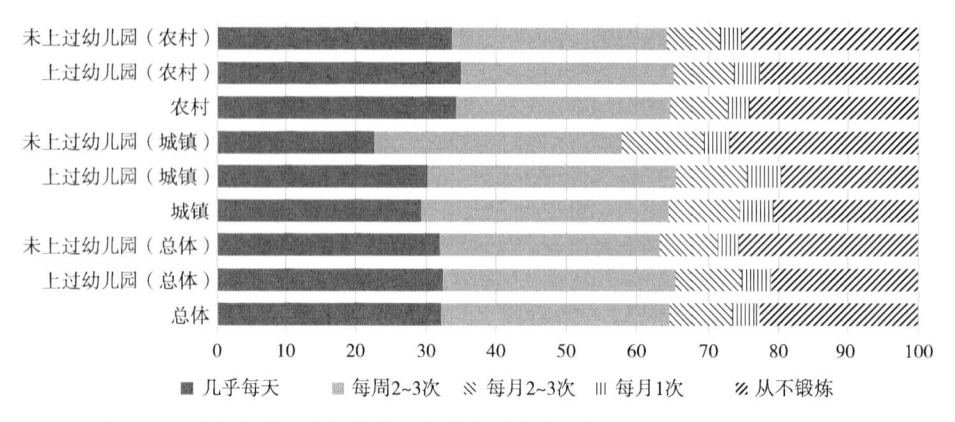

图 8-9 城乡在学儿童锻炼情况与获得学前教育的关系（CFPS，单位：%）

惯的养成均有显著影响。其中，性别方面，男生的锻炼频率高于女生，这与男生更爱运动有关；年龄方面，孩子年龄越大，则其锻炼频率越高，特别是，农村小学阶段儿童的锻炼频率受其年龄影响更大；父母文化程度越高，则孩子的锻炼习惯越好，特别是，母亲文化程度的代际外溢效应更强，对初中阶段学生的影响更大；学校质量对儿童健康习惯养成也有重要影响，孩子对学校满意度越高，则其锻炼频率越高，特别是，这一点对农村小学阶段儿童的影响更为显著、影响程度更大，对城镇儿童的影响则不明显。其他控制变量对儿童健康习惯的养成没有显著影响，在此不再讨论。

表 8-15 学前教育对儿童锻炼习惯影响的回归结果（有序 Logit 模型）

锻炼频率	整体			城镇			农村		
	（1）	（2）	（3）	（4）	（5）	（6）	（7）	（8）	（9）
	义务教育	小学	初中	义务教育	小学	初中	义务教育	小学	初中
$W\!f\!101$	-0.11 (0.08)	-0.24** (0.11)	0.14 (0.14)	-0.15 (0.17)	-0.40* (0.24)	0.19 (0.25)	-0.26** (0.10)	-0.34*** (0.12)	-0.10 (0.18)
$Gender$	-0.22*** (0.07)	-0.12 (0.09)	-0.44*** (0.12)	-0.32*** (0.11)	-0.04 (0.15)	-0.82*** (0.19)	-0.16* (0.09)	-0.19* (0.11)	-0.10 (0.16)
Age	-0.13*** (0.02)	-0.11*** (0.04)	-0.03 (0.07)	-0.06* (0.04)	-0.04 (0.07)	0.13 (0.09)	-0.16*** (0.03)	-0.12*** (0.04)	-0.17 (0.11)

续表

锻炼频率	整体			城镇			农村		
	（1）	（2）	（3）	（4）	（5）	（6）	（7）	（8）	（9）
	义务教育	小学	初中	义务教育	小学	初中	义务教育	小学	初中
$Fedu$	-0.02** (0.01)	-0.03** (0.01)	-0.01 (0.02)	-0.01 (0.02)	-0.02 (0.02)	0.01 (0.03)	-0.03** (0.01)	-0.03** (0.02)	-0.03 (0.02)
$Medu$	-0.05*** (0.01)	-0.04*** (0.01)	-0.07*** (0.02)	-0.07*** (0.02)	-0.06*** (0.02)	-0.09*** (0.03)	-0.05*** (0.01)	-0.03** (0.02)	-0.07*** (0.02)
$Income$	0.06 (0.04)	0.08 (0.05)	0.03 (0.07)	-0.03 (0.08)	-0.02 (0.10)	-0.04 (0.12)	0.03 (0.06)	0.08 (0.07)	-0.04 (0.09)
$Illshare$	0.24* (0.15)	0.11 (0.17)	0.51* (0.28)	0.22 (0.25)	0.11 (0.30)	0.39 (0.45)	0.23 (0.18)	0.09 (0.21)	0.58 (0.36)
$Ks7$	-0.14*** (0.05)	-0.17*** (0.06)	-0.10 (0.08)	-0.01 (0.08)	-0.02 (0.11)	0.05 (0.11)	-0.20*** (0.06)	-0.22*** (0.08)	-0.19* (0.11)
$Kewai$	-0.01 (0.14)	-0.04 (0.18)	0.05 (0.25)	0.23 (0.19)	0.33 (0.25)	0.09 (0.30)	-0.37 (0.24)	-0.44 (0.29)	-0.14 (0.46)
$Area$	控制	控制	控制	控制	控制	控制	控制	控制	控制
$Pseudo\ R^2$	0.02	0.02	0.02	0.02	0.02	0.03	0.03	0.03	0.03
obs	2 730	1 734	996	1 054	620	434	1 676	1 114	562

注：锻炼频率分为几乎每天、每周两三次、每月两三次、每月一次、从不几档，依次赋值为1、2、3、4、5，即锻炼频率越高，赋值越小，因而学前教育对锻炼频率的回归系数为负，表明学前教育有助于儿童养成良好的锻炼习惯。笔者对各组方程也采用了OLS回归，其结果相近，限于篇幅，在此仅列出有序Logit模型的回归结果。

三、心理健康

（一）学前教育与儿童心理健康的关系：基于统计分析

研究发现，学前教育有助于改善城乡儿童心理健康（图8-10）。本书采用儿童幸福感这一指标来反映儿童的心理健康状态，幸福感越强，则其心理越健康。总体来说，将近80%的儿童认为自己是幸福的（包括比较幸福或非常幸福)、4%的儿童认为自己不幸福(包括不幸福和非常不幸福)。其中,上过幼儿园的儿童中有83%认为自己幸福,有3%认为自己不幸福;未上过幼儿园儿童中的75%认为自己幸福,有5%认为自己不幸福。这说明学前教育有助于提升儿童的幸福感。从城乡比较来看,城镇儿童的幸福感(83%)高于农村儿童(78%),上过幼儿园的城镇儿童幸福感(84%)高于未上过幼儿园的城镇儿童(73%),上过幼儿园的农村儿童幸福感(81%)高于未上过幼儿园的农村儿童(75%)。这说明学前教育对城乡儿童幸福感的提升均有促进作用,其中对城镇儿童的影响更大。

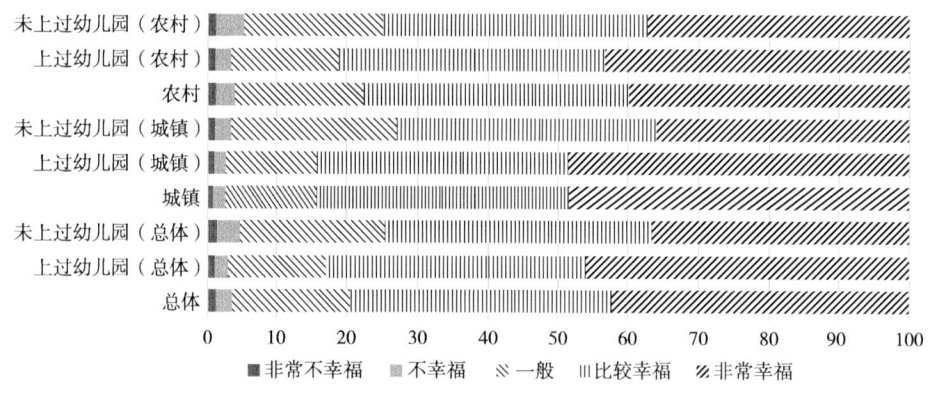

图 8-10 城乡在学儿童心理健康与获得学前教育关系(CFPS,单位:%)

(二) 学前教育对儿童心理健康影响的回归结果

表 8-16 报告了学前教育对儿童心理健康的影响。结果发现,获得过学前教育的儿童的幸福感更强,特别是,学前教育对小学阶段城镇儿童和初中阶段农村学生的影响更显著。从控制变量来看,孩子性别、父母文化水平和学校质量等对儿童的幸福感有显著影响。例如,相比男生,女生的幸福感更强,特别是,初中阶段男生和女生的幸福感差距更明显;就城乡之间而言,农村地区男生和女生幸福感差距更大。同时,父母文化水平越高,孩子幸福感越强,特别是,这一点对小学阶段孩子幸福感的影响十分显著,对初中阶段学生的影响则并不明显;就城乡之间而言,农村地区小

学阶段儿童的幸福感受父亲文化程度的影响更大，城镇地区小学阶段儿童的幸福感则受母亲文化程度的影响更大。此外，学校质量越高，孩子对学校和教师的满意度越高，则其幸福感越强。其他控制变量对儿童的幸福感没有显著影响，在此不再讨论。

表 8-16 学前教育对儿童心理健康影响的回归结果（有序 Logit 模型）

幸福感	整体			城镇			农村		
	（1）	（2）	（3）	（4）	（5）	（6）	（7）	（8）	（9）
	义务教育	小学	初中	义务教育	小学	初中	义务教育	小学	初中
$Wf101$	0.23*** (0.08)	0.18* (0.11)	0.30** (0.14)	0.33* (0.19)	0.50** (0.25)	0.18 (0.30)	0.26*** (0.10)	0.19 (0.13)	0.42** (0.17)
$Gender$	-0.27*** (0.07)	-0.16* (0.09)	-0.48*** (0.12)	-0.24** (0.12)	-0.14 (0.16)	-0.41** (0.18)	-0.29*** (0.09)	-0.16 (0.11)	-0.54*** (0.16)
Age	-0.01 (0.02)	0.01 (0.04)	0.01 (0.07)	-0.03 (0.03)	-0.05 (0.07)	0.04 (0.10)	-0.01 (0.03)	0.02 (0.04)	-0.01 (0.09)
$Fedu$	0.02** (0.01)	0.02* (0.01)	0.02 (0.02)	0.01 (0.02)	0.01 (0.02)	0.01 (0.03)	0.03** (0.01)	0.03* (0.02)	0.03 (0.02)
$Medu$	0.02* (0.01)	0.03*** (0.01)	-0.01 (0.02)	0.03** (0.02)	0.05** (0.02)	0.01 (0.03)	0.01 (0.01)	0.02 (0.02)	-0.02 (0.02)
$Income$	0.02 (0.04)	0.05 (0.06)	-0.03 (0.06)	0.10 (0.08)	0.16 (0.12)	-0.01 (0.10)	-0.02 (0.05)	0.01 (0.07)	-0.06 (0.08)
$Ks7$	0.82*** (0.06)	0.79*** (0.07)	0.88** (0.09)	0.72*** (0.09)	0.63*** (0.12)	0.86*** (0.14)	0.88*** (0.07)	0.87*** (0.09)	0.89*** (0.13)
$Kewai$	0.15 (0.16)	0.08 (0.20)	0.26 (0.26)	0.18 (0.21)	0.12 (0.28)	0.21 (0.31)	-0.20 (0.28)	-0.22 (0.34)	-0.12 (0.46)
$Area$	控制	控制	控制	控制	控制	控制	控制	控制	控制
$Pseudo\ R^2$	0.06	0.06	0.06	0.06	0.06	0.06	0.05	0.06	0.06
obs	2 854	1 810	1 044	1 103	648	455	1 751	1 162	589

注：笔者对各组方程也采用了 OLS 回归，其结果相近，限于篇幅，在此仅列出有序 Logit 模型的回归结果。

四、结果讨论

本节主要分析学前教育对在学儿童身心健康状况的影响,分别从健康等级评分、健康行为习惯和心理健康等三个维度考察。结果发现,学前教育有助于改善儿童的身体健康水平、养成良好的健康习惯、提高心理健康水平,特别是,学前教育对城镇儿童的影响更大。具体结论如下。

第一,经统计上的初步判断,学前教育有助于儿童健康行为习惯的养成和心理健康的改善,但对其身体健康水平的提升效果并不明显。经城乡比较发现,城镇儿童的健康水平整体上略好于农村儿童,农村儿童中从不锻炼和坚持每天锻炼的儿童比重则均超过城镇儿童,呈现两极分化状态。心理健康方面,城镇儿童好于农村儿童;学前教育对城乡儿童健康均有显著的改善效果。

第二,通过一系列实证研究发现,学前教育有助于改善儿童健康状况。身体健康方面,获得过学前教育儿童的身体健康评分更高,特别是,这一点对城镇初中阶段学生的影响更显著。健康行为习惯养成方面,学前教育有助于儿童养成良好的锻炼习惯,对小学阶段儿童的影响更为显著。心理健康方面,学前教育有助于提升儿童幸福感,特别是,这一点对城镇小学阶段儿童和农村初中阶段学生的作用更加明显。

第三,从控制变量来看,孩子性别、孩子年龄、父母文化程度、学校质量等对儿童健康状况有显著影响。其中,男生锻炼频率更高,身体健康状况略好于女生;女生更容易感到幸福,其心理健康水平好于男生。特别是,初中阶段男女生和农村地区男女生的幸福感差距更大。儿童年龄越大,其健康意识越强,锻炼频率越高,健康习惯越好。父母文化程度对孩子健康行为习惯的养成和心理健康改善等都有显著作用,特别是,母亲文化程度的代际外溢效应更强。学校质量对孩子健康状况的影响至关重要,孩子对学校和教师的满意度越高,则其身体健康水平、健康行为习惯和心理健康水平就越好。此外,课外辅导不利于孩子健康状况的改善,课外辅导越多,则孩子的压力越大,对其身体健康越不利。

第九章 学前教育对儿童早期发展影响的路径研究

第一节 影响机制和研究假设

结合以往的研究可知,学前教育主要通过家长育儿态度、孩子行为习惯、家庭教育参与和教育期望等四个途径影响儿童在学期间的学业表现、社交能力和身心健康,其影响机理如下(图9-1)。

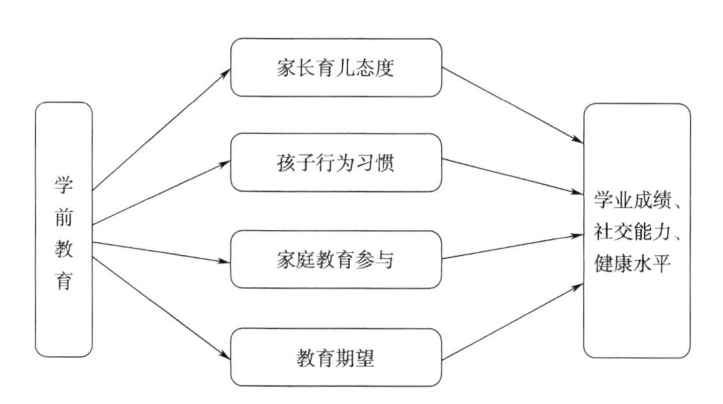

图9-1 学前教育对儿童发展的影响机制

第一,从家长育儿态度来看,学前教育可增加家长与孩子的互动机会,由此增进家长与子女的亲密性;与此同时,孩子获得学前教育的过程也能增加家长与专业幼师的交流机会,从而增进家长的科学育儿态度,如给孩子更多的鼓励和奖赏、更有耐心地与孩子交流等,而家长的鼓励和支持能促进儿童养成良好的性格(张皓辰、秦雪征,2019:46-58;Nelson,2005:215-221);此外,启发诱导型家长更容易塑造孩子良好的品质(孙艳，2011），而其良好的品质更易于为同伴接受和喜爱，在家庭、社区和学校等群体中也更容易获得稳定、要好的同伴关系（De Kruif et al.，2000：247-268；Fantuzzo et al.，2004：212-230）。

第二，从孩子行为习惯来看，其主要体现在学习努力程度、学习认真态度、注意力集中情况和学习计划性等方面，而学习努力、注意力集中、学习计划缜密等良好的学习习惯有助于儿童学业成绩提升。已有研究发现，有过学前教育经历的儿童，在课堂上表现得更加专注、对学校的适应性更高、师生关系更亲密（李玲 等，2020：64-75；Peisner-Feinberg et al.，2001：1534-1553；Peisner-Feinberg and Burchinal，1997：451-477），由此更能有效激发他们的学习兴趣和主动性，使之在语言发展、读写能力上的收获更大（Furrer and Skinner，2003：148；Howes et al.，2008：27-50）。

第三，从家庭教育参与来看，现代社会中，不论是就城镇幼儿园还是农村幼儿园而言，越来越多的学习任务和课余活动都需要家长的参与和配合，因而参与学前教育的儿童往往也能带动家庭教育的参与，如亲子互动、家长帮孩子检查作业或者一起完成作业等。大量研究表明，家庭教育对儿童的发展至关重要（NICHD，2003：976-1005；李明，2022：67-77；Belsky et al.，2007：681-701），亲子互动学习能有效提升儿童的记忆力和注意力（NICHD，2005：537-570），提高孩子学习和参与活动的积极性和主动性，进而影响其学业成绩、语言发展、社交技能和情绪变化（Furrer and Skinner，2003：148；Belsky et al.，2007：681-701；Pinto et al.，2013：94-101）。

第四，从教育期望来看，在校经历与教育期望的相关性很强，而获得学前教育的孩子其家庭的教育期望也普遍较高（Glanville and Wildhagen，2006）。教育期望较高学生的学习动力更强、学习更努力，在遇到困难时也更有可能坚持下去（方光宝、侯艺，2019：68-76；Kao and Tienda，1998：349-384；Fan and Wolters，2014：22-39；Mau，1995：518-526；李汪洋，2017：23-31；Wigfield and Eccles，2000：68-81），因而他们的学业表现会更好，未来教育成就也会更高（方超、黄斌，2019：55-70；Strand and Winston，2008：226-249；Rothon et al.，2011：209-231）。此外，父母教育期望也能促进学生成绩和能力提升（黄亮，2016：53-59），并且父母对孩子的教育期望也会影响孩子对自己的教育期望（Kao and Tienda，1998：349-384；Trusty，1998：260-270），从而间接促进孩子的学业表现和能力提升。

根据以上分析，本书提出以下三个研究假设。

研究假设1：学前教育可通过改变孩子的行为习惯、带动家庭教育参与、增强教育期望，提高孩子的学业成绩。

研究假设2：学前教育可通过改善家长育儿态度、带动家庭教育参与、增强教育期望，提高孩子的社交能力。

研究假设3：学前教育可通过改善家长育儿态度、带动家庭教育参与，提高孩子的身心健康水平。

本章将基于以上三个假设，对学前教育影响儿童发展的中介路径进行实证检验。

第二节 模型设定和变量选择

一、模型设定

为了考察学前教育对儿童发展的影响路径，本书借鉴温忠麟、叶宝娟（2014：731-745）的方法，采用中介效应模型进行检验，具体的表达形式如下：

$$\begin{cases} Y = cX + \gamma T + e_1 \\ M = aX + \gamma' T + e_2 \\ Y = c'X + bM + \gamma'' T + e_3 \end{cases} \quad (9-1)$$

其中，系数 c 为自变量 X 对因变量 Y 的总效应；系数 a 为自变量 X 对中介变量 M 的效应；系数 b 是控制了自变量 X 的影响后，中介变量 M 对因变量 Y 的效应；系数 c' 是在控制了中介变量 M 的影响后，自变量 X 对因变量 Y 的直接效应；T 是控制变量，与基准回归一致，在此不再赘述；系数 γ、γ'、γ'' 分别是控制变量的待估系数；$e_1 \sim e_3$ 是回归残差。

中介效应模型的检验过程分为以下四个步骤（图 9-2）。

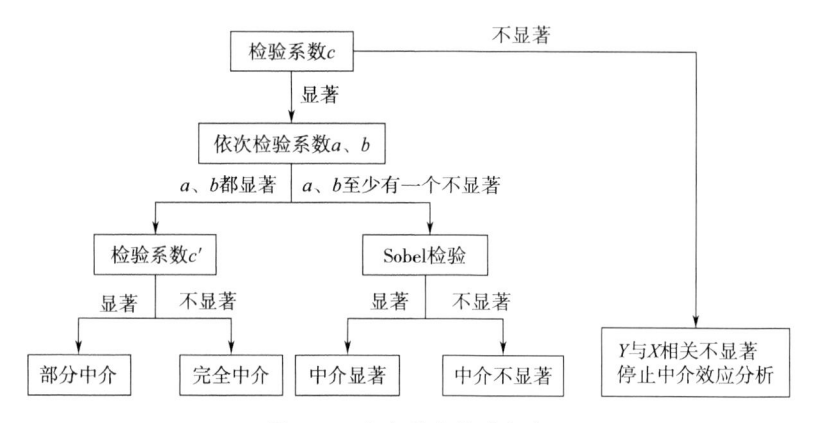

图 9-2 中介效应检验程序

资料来源：温忠麟，张雷，侯杰泰，等. 中介效应检验程序及其应用 [J]. 心理学报，2004，36(5)：614-620.

第一步，检验回归系数 c 是否显著。若 c 显著，可能存在中介效应，可进行下一步检验；若 c 不显著，则终止中介效应检验。

第二步，依次对系数 a、b 进行检验。若这两个系数均通过了显著性检验，则中介效应必然存在，可进行下一步检验；若系数 a、b 至少有一个不显著，则对这两个系数进行 Sobel 检验。

第三步，根据上一步检验结果。若系数 c' 显著，说明存在部分中介效应，即自变量 X 影响 Y，其中有一部分通过中介变量 M 起作用；若 c' 不显著，则说明中介效应是完全的，即自变量 X 影响 Y 完全是通过中介变量 M 起作用的。

第四步，进行 Sobel 检验，该检验的统计量为 $Z = \hat{a}\hat{b}/S_{ab}$，其中，$\hat{a}$ 和 $\hat{b}$ 是

第九章 学前教育对儿童早期发展影响的路径研究

a 和 b 的估计，$S_{ab} = \sqrt{\hat{a}^2 S_b^2 + \hat{b}^2 S_a^2}$，$S_a$ 和 S_b 分别是 $\hat{a}$ 和 $\hat{b}$ 的标准误。若该统计量通过了显著性检验，则可返回到第三步计算中介效应的大小；若该统计量未通过显著性检验，则说明中介效应不显著。根据潘彬和金雯雯（2017：78-93）的研究，中介效应的检验与标准正态分布不同，5%显著性水平下 Sobel 检验统计量的临界值为 0.97。因此，本章在 Sobel 检验时也以该临界值为准。

二、变量选择

本章在检验学前教育对儿童发展影响路径时，针对义务教育阶段儿童，选取其学业成绩（包括语文成绩和数学成绩）、交友能力和心理健康等几个有代表性的指标，分别衡量儿童早期学业表现、社交能力和身心健康等；核心变量为是否有学前教育经历；中介因素包括家长育儿态度、孩子行为习惯、家庭教育参与和教育期望等，具体各变量含义和说明详见表9-1。

表 9-1 主要变量定义和说明——中介效应检验

	变量名称		符号	说明	均值	标准差
被解释变量	学业表现	语文等级成绩	$wf501$	优=1，良=2，中=3，差=4	2.28	0.95
		数学等级成绩	$wf502$	优=1，良=2，中=3，差=4	2.30	1.00
	社交能力	是否有好朋友	$Wk3$	有=1，没有=0	0.91	0.29
	身心健康	幸福感	$Wm302$	非常不幸福=1，不幸福=2，一般=3，比较幸福=4，非常幸福=5	4.18	0.87
核心变量	是否获得学前教育	是否上过幼儿园	$Wf101$	是=1，否=0	0.64	0.48
中介因素	家长育儿态度	家长与孩子说话和气	$Wm203$	从不=1，极少=2，有时=3，经常=4，总是=5	2.68	0.99
		家长鼓励孩子独立思考问题	$Wm204$	从不=1，极少=2，有时=3，经常=4，总是=5	3.49	1.12
		孩子做错事时家长会问原因	$Wm201$	从不=1，极少=2，有时=3，经常=4，总是=5	3.19	1.09

续表

变量名称			符号	说明	均值	标准差
中介因素	家长育儿态度	家长鼓励孩子努力做事	Wm202	从不=1，极少=2，有时=3，经常=4，总是=5	3.55	1.05
		家长要求孩子做事时会讲原因	Wm205	从不=1，极少=2，有时=3，经常=4，总是=5	3.31	1.14
	孩子行为习惯	孩子学习很努力	Wf801	十分同意=1，同意=2，不同意=3，十分不同意=4	2.26	0.59
		孩子完成作业后会检查数遍	Wf802	十分同意=1，同意=2，不同意=3，十分不同意=4	2.45	0.61
		孩子完成作业后才玩	Wf803	十分同意=1，同意=2，不同意=3，十分不同意=4	2.21	0.54
		孩子做事注意力集中	Wf804	十分同意=1，同意=2，不同意=3，十分不同意=4	2.29	0.55
		孩子做任何事都会坚持完成	Wf806	十分同意=1，同意=2，不同意=3，十分不同意=4	2.24	0.53
	家庭教育参与	孩子学习时家长会放弃看电视	Wf601	很经常=1，经常=2，偶尔=3，很少=4，从不=5	2.53	1.31
		家长经常要求孩子完成作业	Wf603	很经常=1，经常=2，偶尔=3，很少=4，从不=5	2.04	1.03
		家长经常检查孩子作业	Wf604	很经常=1，经常=2，偶尔=3，很少=4，从不=5	2.96	1.40
	教育期望	家长对孩子未来教育程度的期待	Wd2	不读书=1，小学=2，初中=3，高中=4，大专=5，本科=6，硕士=7，博士=8	5.96	1.34
		孩子对自己未来教育程度的期待	Wh9	不读书=1，小学=2，初中=3，高中=4，大专=5，本科=6，硕士=7，博士=8	5.29	1.43

注：控制变量同基准回归，在此不再赘述。

第三节 学前教育影响儿童学业表现的路径分析

一、学前教育影响儿童学业表现的路径检验

表9-2和表9-3报告了学前教育对义务教育阶段儿童学业表现的中介效应检验结果,分别从孩子行为习惯、家庭教育参与和教育期望等三个方面检验了学前教育影响儿童学业表现时的作用机制。

其中,表9-2是语文成绩的中介效应检验结果,模型(1)是基准模型,用于检验是否存在中介效应;模型(2)和模型(3)用于检验孩子是否存在行为习惯效应,采用"孩子完成作业后才玩"这一指标来度量,变量值越小,表明孩子的这一行为习惯越好;模型(4)和模型(5)用于检验是否存在家庭教育参与效应,采用"孩子学习时家长会放弃看电视"这一指标来度量,变量值越小,表明家长的教育参与度越高;模型(6)和模型(7)用于检验是否存在教育期望效应,采用"家长希望孩子未来教育程度"这一指标来度量,变量值越大,表明家长的教育期望越高。

由模型(1)可知,学前教育对义务教育阶段儿童的语文成绩影响显著为负,即获得过学前教育儿童的语文成绩更好,这里可能存在中介效应,可做进一步分析。模型(2)的结果表明,有过学前教育经历的儿童更倾向于养成做完作业再玩的良好学习行为习惯。模型(3)的结果则表明,习惯于做完作业再玩的儿童的语文成绩表现更好,学前教育经历有助于语文成绩提升。上述两个系数均显著,说明存在部分中介效应,即学前教育经历可直接提高儿童语文成绩,并可通过改善儿童行为习惯进而提高儿童学业表现。

由模型(4)的结果可知,对于有过学前教育经历的儿童,其家长也会更经常性地为了孩子的学习而放弃看电视。模型(5)的结果则表明,家长为了孩子学习而放弃看电视的做法能显著提高孩子的语文成绩;同时,学前教育经历也能有效提高孩子的语文成绩,从而证明了中介效应的

存在。一方面，学前教育能直接影响孩子的语文成绩；另一方面，学前教育也通过影响家庭教育参与而提高孩子的语文成绩。

由模型（6）的结果可知，上过幼儿园的儿童，家长对其的教育期望有极大提升。模型（7）的结果表明，家长对子女的教育期望越高，则孩子的语文成绩越好；同时，学前教育对孩子语文成绩提高的影响依然显著。这证明了中介效应的存在，即其既直接影响孩子的语文成绩，也通过提高家长对孩子的教育期望而提高孩子的语文成绩。

表9-2 学前教育对儿童学业表现的中介效应检验结果——语文成绩

	（1） Wf501	（2） Wf803	（3） Wf501	（4） Wf601	（5） Wf501	（6） Wd2	（7） Wf501
Wf803	—	—	0.28*** (0.03)	—	—	—	—
Wf601	—	—	—	—	0.07*** (0.01)	—	—
Wd2	—	—	—	—	—	—	-0.08*** (0.02)
Wf101	-0.19*** (0.04)	-0.08*** (0.02)	-0.17*** (0.04)	-0.14** (0.06)	-0.17*** (0.04)	0.20** (0.08)	-0.24*** (0.06)
Gender	0.38*** (0.03)	0.13*** (0.02)	0.35*** (0.03)	0.04 (0.05)	0.38*** (0.03)	0.12* (0.07)	0.36*** (0.05)
Age	-0.01 (0.01)	-0.01 (0.01)	0.01 (0.01)	-0.01 (0.01)	0.01 (0.01)	0.02 (0.02)	0.01 (0.02)
Fedu	-0.02*** (0.01)	-0.01 (0.01)	-0.02*** (0.01)	-0.01* (0.01)	-0.02*** (0.01)	0.03*** (0.01)	-0.02** (0.01)
Medu	-0.02*** (0.01)	-0.01 (0.01)	-0.02*** (0.01)	-0.03*** (0.01)	-0.02*** (0.01)	0.03*** (0.01)	-0.02*** (0.01)
Income	-0.05** (0.02)	0.02 (0.01)	-0.05*** (0.02)	0.04 (0.03)	-0.05** (0.02)	0.09** (0.04)	-0.03 (0.03)
Edushare	-0.12 (0.07)	-0.05 (0.04)	-0.10 (0.07)	-0.34*** (0.10)	-0.06 (0.07)	0.25* (0.14)	0.03 (0.10)

续表

	（1）	（2）	（3）	（4）	（5）	（6）	（7）
	$Wf501$	$Wf803$	$Wf501$	$Wf601$	$Wf501$	$Wd2$	$Wf501$
$Ks7$	-0.18*** (0.02)	-0.08*** (0.01)	-0.16*** (0.02)	-0.13*** (0.03)	-0.17*** (0.02)	0.15*** (0.05)	-0.17*** (0.03)
$Kewai$	-0.06 (0.07)	-0.03 (0.04)	-0.05 (0.07)	-0.30*** (0.10)	-0.03 (0.07)	0.37*** (0.14)	0.04 (0.10)
$Area$	控制	控制	控制	控制	控制	控制	控制
Sobel 检验	—	—	—	—			
是否存在中介效应	—	是		是		是	
中介效应/总效应	—	10.99%		5.50%		6.29%	
调整后的 R^2	0.14	0.04	0.15	0.05	0.15	0.10	0.14
obs	2 622	2 622	2 622	2 700	2 700	1 332	1 332

表9-3是数学成绩中介效应检验结果，其检验结果与前述语文成绩的情况相似。由模型（1）的结果可知，学前教育经历能显著提升义务教育阶段儿童的数学成绩。模型（2）和模型（3）的结果表明，学前教育有助于孩子数学成绩的提高；与此同时，学前教育经历能有效改善孩子的行为习惯，从而使孩子的数学成绩提高。模型（4）和模型（5）的结果表明，孩子的学前教育经历能鼓励家长对其的教育参与，进而促进孩子数学成绩的提高。模型（6）和模型（7）的结果表明，学前教育经历能提高家长对孩子教育期望，进而提高孩子的数学成绩。

表9-3 学前教育对儿童学业表现的中介效应检验结果——数学成绩

	（1）	（2）	（3）	（4）	（5）	（6）	（7）
	$Wf502$	$Wf803$	$Wf502$	$Wf601$	$Wf502$	$Wd2$	$Wf502$
$Wf803$	—	—	0.26*** (0.03)	—	—	—	—

续表

	（1） $Wf502$	（2） $Wf803$	（3） $Wf502$	（4） $Wf601$	（5） $Wf502$	（6） $Wd2$	（7） $Wf502$
$Wf601$	—	—	—	—	0.07*** （0.01）	—	—
$Wd2$	—	—	—	—	—	—	-0.08*** （0.02）
$Wf101$	-0.15*** （0.04）	-0.08*** （0.02）	-0.13*** （0.04）	-0.15** （0.06）	-0.13*** （0.04）	0.20** （0.08）	-0.20*** （0.06）
$Gender$	0.05 （0.04）	0.13*** （0.02）	0.01 （0.04）	0.04 （0.05）	0.04 （0.04）	0.12* （0.07）	-0.02 （0.05）
Age	0.04*** （0.01）	-0.01 （0.01）	0.05*** （0.01）	-0.01 （0.01）	0.05*** （0.01）	0.02 （0.02）	0.06*** （0.02）
$Fedu$	-0.02*** （0.01）	0.01 （0.01）	-0.02*** （0.01）	-0.01* （0.01）	-0.02*** （0.01）	0.03*** （0.01）	-0.01*** （0.01）
$Medu$	-0.02*** （0.01）	-0.01 （0.01）	-0.02*** （0.01）	-0.03*** （0.01）	-0.02*** （0.01）	0.03*** （0.01）	-0.02*** （0.01）
$Income$	-0.06*** （0.02）	0.02 （0.01）	-0.06*** （0.02）	0.05* （0.03）	-0.07*** （0.02）	0.09** （0.04）	-0.02 （0.03）
$Edushare$	-0.15* （0.08）	-0.05 （0.04）	-0.13* （0.08）	-0.34*** （0.10）	-0.10 （0.08）	0.26* （0.14）	-0.04 （0.10）
$Ks7$	-0.23*** （0.02）	-0.08*** （0.01）	-0.21*** （0.02）	-0.13*** （0.03）	-0.22*** （0.02）	0.16*** （0.05）	-0.25*** （0.03）
$Kewai$	-0.01 （0.08）	-0.03 （0.04）	0.01 （0.08）	-0.30*** （0.10）	0.01 （0.08）	0.37*** （0.14）	0.11 （0.10）
$Area$	控制	控制	控制	控制	控制	控制	控制
Sobel 检验	—	—		—		—	
是否存在中介效应	—	是		是		是	
中介效应/总效应	—	13.24%		7.11%		7.32%	

续表

	（1）	（2）	（3）	（4）	（5）	（6）	（7）
	W_f502	W_f803	W_f502	W_f601	W_f502	W_d2	W_f502
调整后的 R^2	0.11	0.04	0.13	0.05	0.12	0.10	0.14
obs	2 622	2 622	2 622	2 699	2 699	1 334	1 334

二、稳健性检验

为考察结果的可靠性，本书采用替换中介因素和替换被解释变量这两种方法进行稳健检验。在检验孩子行为习惯时采用"孩子做任何事都坚持完成"进行衡量，在检验家庭教育参与时采用"家长经常检查孩子作业"进行衡量，在检验家庭教育期望时采用语文和数学分数替换等级成绩的方式，具体结果如表9-4和表9-5所示。

表9-4报告了学前教育对语文成绩中介效应的稳健检验结果。由模型（1）的结果可知，学前教育经历有助于语文成绩提升，由于可能存在中介效应，对此可进行进一步分析。模型（2）的结果表明，学前教育有助于孩子养成做事的坚持性，但结果不显著。模型（3）的结果表明，孩子做事的坚持性有助于其语文成绩提升。由于这两个系数中只有一个显著，因此需要进行Sobel检验，检验统计量Z值大于临界值，说明在孩子行为习惯的养成中存在中介效应，即学前教育经历会通过改善孩子的行为习惯而提升语文成绩，与基准回归结果一致。模型（4）的结果表明，学前教育能提高家长检查孩子作业的频率，但不显著；模型（5）的结果表明，家长检查孩子作业能有效提升孩子语文成绩，但这两个系数并非都显著。Sobel检验结果显示，检验统计量Z值大于临界值，说明学前教育经历可通过带动家庭教育参与从而提升孩子语文成绩，与基准回归结果一致。模型（6）的结果表明，孩子的学前教育经历能显著提升家长对其的教育期望，模型（7）的结果表明，家长的教育期望有助于提高孩子的语文分数，

证明中介效应的存在,即学前教育经历通过提升家长的教育期望进而提高孩子语文分数,与基准回归结果一致。

表9-4 学前教育对儿童学业表现的中介效应稳健检验结果——语文成绩

	(1) Wf501	(2) Wf806	(3) Wf501	(4) Wf604	(5) Wf501	(6) Wd2	(7) Kr421
Wf806	—	—	0.28*** (0.03)	—	—	—	—
Wf604	—	—	—	—	0.04*** (0.01)	—	—
Wd2	—	—	—	—	—	—	1.77*** (0.34)
Wf101	-0.17*** (0.04)	-0.03 (0.02)	-0.16*** (0.04)	-0.09 (0.06)	-0.18*** (0.04)	0.20** (0.09)	2.47** (1.05)
Sobel 检验	—	Z=1.27>0.97		Z=1.63>0.97		—	
是否存在中介效应	—	是		是		是	
中介效应/总效应	—	5.00%		2.09%		12.46%	

注:各模型中控制变量的回归结果与基准回归相似,限于篇幅,在此未予列出。

表9-5报告了学前教育对儿童数学成绩中介效应的稳健检验结果。模型(1)的结果表明,学前教育经历能显著提升儿童数学成绩,其中可能存在中介效应,可做进一步分析。模型(2)和模型(3)的结果表明,学前教育可通过改善孩子做事时的坚持性提高其数学成绩。模型(4)和模型(5)的结果表明,学前教育可通过促进家长检查孩子作业有效提高其数学成绩。模型(6)和模型(7)的结果表明,学前教育可通过提升教育期望提高孩子的数学分数,且在这之中的中介效应是完全的。检验结果与基准回归一致,具有较好的稳健性。

表9-5　学前教育对儿童学业表现的中介效应稳健检验结果——数学成绩

	（1） Wf502	（2） Wf806	（3） Wf502	（4） Wf604	（5） Wf502	（6） Wd2	（7） Kr423
Wf806	—	—	0.23*** （0.04）	—	—	—	—
Wf604	—	—	—	—	0.06*** （0.01）	—	—
Wd2	—	—	—	—	—	—	2.44*** （0.43）
Wf101	-0.14*** （0.05）	-0.03 （0.02）	-0.14*** （0.04）	-0.08 （0.06）	-0.14*** （0.04）	0.25*** （0.09）	2.13 （1.32）
Sobel检验	—	$Z=1.27>0.97$		$Z=1.53>0.97$			
是否存在中介效应	—	是		是		是	
中介效应/总效应	—	4.94%		3.48%		22.33%	

注：各模型中控制变量的回归结果与基准回归相似，限于篇幅，在此未予列出。

三、结果讨论

本节主要采用中介效应模型检验学前教育对义务教育阶段儿童学业成绩的影响路径，基于研究假设，从孩子行为习惯、家庭教育参与和教育期望等三个方面检验学业成绩的中介效应，结果表明，学前教育经历可通过以下三种途径影响儿童学业成绩。

一是学前教育经历可通过养成孩子完成作业再玩、做任何事情都坚持完成等良好行为习惯，提高孩子的学业成绩。

二是学前教育经历可通过带动家庭教育参与，如孩子学习时家长放弃看电视、家长检查孩子作业等，提升孩子的学业表现。

三是学前教育经历可让家长对孩子有更高的教育期望，从而促进孩子学业成绩的提升。

由此，验证了研究假设 1。

第四节 学前教育影响儿童社交能力的路径分析

一、学前教育影响儿童社交能力的路径检验

表 9-6 报告了学前教育对义务教育阶段儿童社交能力的中介效应检验结果，分别从家长育儿态度、家庭教育参与和教育期望等三个方面检验学前教育影响儿童社交能力的作用机制，本节统一采用"是否有好朋友"来衡量儿童的社交能力。其中，模型（1）是基准模型，用于检验是否存在中介效应。模型（2）和模型（3）用于检验是否存在家长育儿态度效应，采用"家长与孩子说话和气"这一指标来度量，变量值越大，表明家长越经常与孩子和气说话，说明家长的育儿态度越好。模型（4）和模型（5）用于检验是否存在家庭教育参与效应，采用"家长经常要求孩子完成作业"这一指标来度量，变量值越小，表明家长越经常性地要求孩子完成作业，对孩子的要求越严格，也说明家长的教育参与度越高。模型（6）和模型（7）用于检验是否存在教育期望效应，采用"家长希望孩子未来教育程度"这一指标来度量，变量值越大，表明家长对孩子的教育期望越高。

表 9-6 学前教育对儿童社交能力的中介效应检验结果

	(1)	(2)	(3)	(4)	(5)	(6)	(7)
	$Wk3$	$Wm203$	$Wk3$	$Wf603$	$Wk3$	$Wd2$	$Wk3$
$Wm203$	—	—	0.02 (0.01)	—	—	—	—
$Wf603$	—	—	—	—	−0.03*** (0.01)	—	—
$Wd2$	—	—	—	—	—	—	0.02*** (0.01)

续表

	(1)	(2)	(3)	(4)	(5)	(6)	(7)
	$Wk3$	$Wm203$	$Wk3$	$Wf603$	$Wk3$	$Wd2$	$Wk3$
$Wf101$	0.07** (0.03)	0.19* (0.11)	0.06** (0.03)	−0.16*** (0.05)	0.06*** (0.01)	0.20** (0.08)	0.07*** (0.02)
Gender	0.01 (0.02)	−0.04 (0.09)	0.01 (0.02)	−0.08** (0.04)	0.01 (0.01)	0.12* (0.07)	0.01 (0.02)
Age	—	—	—	0.04*** (0.01)	0.02*** (0.01)	0.02 (0.02)	0.02*** (0.01)
Fedu	0.01*** (0.01)	0.01 (0.01)	0.01*** (0.01)	−0.01 (0.01)	0.01*** (0.01)	0.03*** (0.01)	0.01** (0.01)
Medu	0.01 (0.01)	−0.01 (0.01)	0.01 (0.01)	−0.01** (0.01)	0.01 (0.01)	0.03*** (0.01)	0.01 (0.01)
Income	0.02 (0.01)	0.02 (0.04)	0.02 (0.01)	0.01 (0.02)	0.02 (0.01)	0.09** (0.04)	0.01 (0.01)
Edushare	−0.03 (0.05)	−0.24 (0.19)	−0.03 (0.05)	−0.12 (0.08)	0.02 (0.02)	0.26* (0.14)	0.07** (0.03)
Ks7	0.02 (0.02)	0.20*** (0.06)	0.01 (0.02)	−0.12*** (0.03)	0.03*** (0.01)	0.16*** (0.05)	0.04*** (0.01)
Kewai	−0.06 (0.05)	0.23 (0.17)	−0.06 (0.05)	−0.17** (0.08)	0.01 (0.02)	0.37*** (0.14)	0.04 (0.03)
Area	控制	控制	控制	控制	控制	控制	控制
Sobel 检验	—	$Z=1.16>0.97$		—		—	
是否存在中介效应	—	是		是		是	
中介效应/总效应	—	5.81%		6.76%		6.47%	
调整后的 R^2	0.08	0.06	0.08	0.03	0.07	0.10	0.07
obs	487	487	487	2 730	2 730	1 343	1 343

由模型（1）可知，学前教育对义务教育阶段儿童的社交能力影响显

著为正，即获得过学前教育的儿童更有可能结交好朋友，可能存在中介效应，对此可做进一步分析。模型（2）的结果表明，有过学前教育经历的儿童，其家长更倾向于同孩子和气说话。模型（3）的结果则表明，家长与孩子和气地交流有助于儿童结交好朋友，但不显著。上述这两个系数并非都显著，需要进行 Sobel 检验。检验统计量 Z 大于临界值，说明存在中介效应，即学前教育经历会通过改善家长育儿态度进而提高儿童社交能力。

由模型（4）的结果可知，对于有过学前教育经历的儿童，其家长也会更经常性地要求孩子完成作业。模型（5）的结果则表明，家长越严格要求孩子完成作业，则孩子交到好朋友的概率越大。这证明了中介效应的存在，即学前教育通过带动家庭教育参与，从而提高孩子的社交能力。其可能的原因是，家长对孩子的教育参与越多、要求越严格，则孩子越有可能遵守纪律、听话懂事，因而也更容易结交好朋友。

由模型（6）的结果可知，上过幼儿园的儿童，家长对其的教育期望会有极大提升。模型（7）的结果表明，家长对子女的教育期望越高，则孩子的交友能力越强，从而证明了中介效应的存在，即学前教育可通过提升家长对孩子教育期望而提高后者的社交能力。

由模型（1）可知，学前教育对义务教育阶段儿童的交友能力影响显著为正，即获得过学前教育的儿童更有可能结交好朋友，可能存在中介效应，可做进一步分析。模型（2）的结果表明，有过学前教育经历的儿童，其家长更倾向于与孩子和气说话，模型（3）的结果则表明，家长与孩子和气地交流有助于儿童结交好朋友，但不显著，这两个系数并非都显著，需要进行 Sobel 检验，检验统计量 Z 大于临界值，说明存在中介效应，即学前教育经历会通过改善家长育儿态度进而提高儿童交友能力。

由模型（4）的结果可知，对于有过学前教育经历的儿童，其家长也更经常性地要求孩子完成作业；模型（5）的结果表明，家长越严格要求孩子完成作业，则孩子交好朋友概率越大，中介效应存在，即学前教育通过带动家庭教育参与，从而提升孩子社交能力，其可能的原因是家长对孩子的教育参与越多、要求越严格，孩子更有可能遵守纪律、听话懂事，因而更容易结交好朋友。

由模型（6）的结果可知，上过幼儿园的儿童，家长对其教育期望会极大提升。模型（7）的结果则表明，家长对子女教育期望越高，孩子社交能力越好，存在中介效应，即学前教育通过提升家长对孩子教育期望进而提高社交能力。

二、稳健检验

为考察结果的可靠性，本书采用替换中介因素的方法进行稳健检验。在检验家长育儿态度时采用"家长鼓励孩子独立思考问题"来进行衡量，这一变量值越大，表明家长越经常鼓励孩子独立思考问题；在检验家庭教育参与时采用"孩子学习时家长会放弃看电视"来进行衡量，这一变量值越小，表明家长越经常为了孩子学习而放弃看电视；在检验家庭教育期望时采用"孩子对自己未来教育程度的期待"进行衡量，这一变量值越大，表明孩子的教育期望越高。

表9-7报告了学前教育对儿童社交能力中介效应的稳健检验结果。由模型（1）的结果可知，学前教育经历有助于儿童社交能力的提高，其中可能存在中介效应，可进行进一步分析。模型（2）的结果表明，获得过学前教育的儿童，其家长也会更经常地鼓励孩子独立思考。模型（3）的结果表明，得到家长鼓励的孩子更有可能结交到好朋友。这两个系数均显著，说明中介效应的存在，即学前教育经历会通过改善家长育儿态度从而提高儿童的社交水平，与基准回归结果一致。模型（4）的结果表明，学前教育提高了家长为孩子学习而放弃看电视的频率。模型（5）的结果表明，家长越经常为了孩子学习而放弃看电视，则孩子的社交能力越强。这两个系数均显著，说明中介效应的存在，即学前教育经历会通过带动家庭教育参与从而提升的孩子社交能力，与基准回归结果一致。模型（6）的

结果表明，学前教育经历会提升孩子对自己的教育期望，但不显著。模型（7）的结果表明，孩子对自己教育期望的提高能促进孩子社交能力的提升。这两个系数并非都显著，经过 Sobel 检验，统计量 Z 大于临界值，说明中介效应的存在，即学前教育经历可通过提升孩子自己的教育期望从而提高孩子社交能力，与基准回归结果一致。

表 9-7　学前教育对儿童社交能力的中介效应稳健检验结果

	（1）	（2）	（3）	（4）	（5）	（6）	（7）
	Wk3	Wm204	Wk3	Wf601	Wk3	Wh9	Wk3
Wm204	—	—	0.03*** (0.01)	—	—	—	—
Wf601	—	—	—	—	−0.01*** (0.01)	—	—
Wh9	—	—	—	—	—	—	0.01*** (0.01)
Wf101	0.07** (0.03)	0.22* (0.12)	0.06* (0.03)	−0.13** (0.06)	0.06*** (0.01)	0.07 (0.06)	0.06*** (0.01)
Sobel 检验	—	—	—	—	—	Z=1.08>0.97	
是否存在中介效应	—	是		是		是	
中介效应/总效应	—	10.87%		2.49%		1.38%	

注：各模型中控制变量的回归结果与基准回归相似，限于篇幅，在此未予列出。

三、结果讨论

本节主要采用中介效应模型检验学前教育对义务教育阶段儿童社交能力的影响路径，基于研究假设，从家长育儿态度、家庭教育参与和教育期望等三个方面检验社交能力的中介效应，结果表明，学前教育经历可通过以下三种途径影响儿童社交能力。

一是学前教育经历可通过促进家长与孩子的和气交流、家长鼓励孩子独立思考等育儿态度,提高孩子的社交能力。

二是学前教育经历可通过带动家庭教育参与,如家长要求孩子完成作业、家长在孩子学习时放弃看电视等,促进孩子社交能力提升。

三是学前教育经历可使家长对孩子有更高的教育期望,也会让孩子对自己有更高的教育期望,从而促进孩子社交能力的提高。

由此,验证了研究假设2。

第五节 学前教育影响儿童身心健康的路径分析

一、学前教育影响儿童身心健康的路径检验

表9-8报告了学前教育对义务教育阶段儿童健康状况的中介效应检验结果,分别从家长育儿态度和家庭教育参与这两个方面检验了学前教育影响儿童健康状况的作用机制。本节以心理健康为例,统一采用"幸福感"进行衡量。其中,模型(1)是基准模型,用于检验是否存在中介效应;模型(2)和模型(3)用于检验是否存在家长育儿态度效应,采用"家长与孩子说话和气"这一指标进行度量,变量值越大,表明家长越经常与孩子和气说话,即家长的育儿态度越好;模型(4)和模型(5)用于检验是否存在家庭教育参与效应,采用"孩子学习时家长会放弃看电视"来衡量,这一变量值越小,表明家长越经常为了孩子学习而放弃看电视。

表9-8 学前教育对儿童心理健康的中介效应检验结果

	(1)	(2)	(3)	(4)	(5)
	$Wm302$	$Wm203$	$Wm302$	$Wf601$	$Wm302$
$Wm203$	—	—	0.24*** (0.04)	—	—

续表

	（1）	（2）	（3）	（4）	（5）
	$Wm302$	$Wm203$	$Wm302$	$Wf601$	$Wm302$
$Wf601$	—	—	—	—	-0.05*** (0.01)
$Wf101$	0.24*** (0.09)	0.23** (0.11)	0.18** (0.08)	-0.16*** (0.06)	0.09** (0.04)
$Gender$	-0.14* (0.07)	-0.04 (0.09)	-0.13* (0.07)	0.03 (0.05)	-0.11*** (0.03)
Age	—	—	—	-0.01 (0.01)	-0.01 (0.01)
$Fedu$	-0.01 (0.01)	0.02 (0.01)	-0.01 (0.01)	-0.02** (0.01)	0.01** (0.01)
$Medu$	0.01 (0.01)	-0.01 (0.01)	0.01 (0.01)	-0.02*** (0.01)	0.01 (0.01)
$Income$	0.13*** (0.04)	0.01 (0.04)	0.13*** (0.03)	0.05* (0.03)	0.03 (0.02)
$Ks7$	0.37*** (0.05)	0.19*** (0.06)	0.33*** (0.05)	-0.12*** (0.03)	0.32*** (0.02)
$Kewai$	-0.09 (0.14)	0.20 (0.17)	-0.14 (0.14)	-0.33*** (0.10)	0.01 (0.06)
$Area$	控制	控制	控制	控制	控制
Sobel 检验	—	—		—	
是否存在中介效应	—	是		是	
中介效应/总效应	—	23.36%		7.46%	
调整后的 R^2	0.19	0.06	0.26	0.05	0.11
obs	505	505	505	2 847	2 847

由模型（1）可知，学前教育对义务教育阶段儿童的幸福感影响显著为正，即获得过学前教育的儿童更有可能感到幸福、心理越健康，这里可能存在中介效应，对此可做进一步分析。模型（2）的结果表明，有过学

前教育经历的儿童，其家长更倾向于同孩子和气说话。模型（3）的结果则表明，家长与孩子的和气地交流有助于提高后者的幸福感。这两个系数均显著，说明存在中介效应，即学前教育经历可通过改善家长育儿态度从而提高儿童的心理健康水平。

由模型（4）的结果可知，学前教育可提高家长为了孩子学习放弃看电视的频率。模型（5）的结果表明，家长越经常为了孩子而放弃看电视，则孩子幸福感越强。这两个系数均显著，说明存在中介效应，即学前教育经历会通过带动家庭教育参与从而提升孩子幸福感。其可能的原因是，家长参与孩子的教育越多，则亲子互动越多，孩子的归属感越强，其幸福感也就越强。

二、稳健检验

为了考察结果的可靠性，本书采用替换中介因素的方法进行稳健检验。在检验家长育儿态度时采用"家长鼓励孩子独立思考问题"来衡量，这一变量值越大，表明家长越经常鼓励孩子独立思考问题；在检验家庭教育参与时采用"家长经常要求孩子完成作业"这一指标进行度量，变量值越小，表明家长越经常性要求孩子完成作业，对孩子的要求越严格，即家长的教育参与度越高。具体结果如表9-9所示。

表9-9　学前教育对儿童心理健康的中介效应稳健检验结果

	（1）	（2）	（3）	（4）	（5）
	$Wm302$	$Wm204$	$Wm302$	$Wf603$	$Wm302$
$Wm204$	—	—	0.20*** (0.03)	—	—
$Wf603$	—	—	—	—	−0.03** (0.02)
$Wf101$	0.24*** (0.09)	0.29** (0.11)	0.18** (0.03)	−0.18*** (0.05)	0.09** (0.04)
Sobel检验	—	—	—	—	—

续表

	（1）	（2）	（3）	（4）	（5）
	$Wm302$	$Wm204$	$Wm302$	$Wf603$	$Wm302$
是否存在中介效应	—	是		是	
中介效应/总效应	—	24.14%		6.58%	

注：笔者在分析家长育儿态度时还采用了"孩子做错事时家长会问原因""家长鼓励孩子努力做事""家长要孩子做事会讲原因"等指标，结果表明中介效应均存在，分别占总效应的6.00%、6.93%、7.32%；在分析家庭教育参与时还采用了"家长经常检查孩子作业"等指标，结果表明中介效应的存在，占总效应的3.24%；其他变量回归结果与前文基本一致，限于篇幅，在此未予列出。

由模型（1）的结果可知，学前教育经历有助于儿童幸福感的提升，其中可能存在中介效应，对此可进行进一步分析。模型（2）的结果表明，获得过学前教育的儿童，其家长也会更经常地鼓励孩子独立思考。模型（3）的结果表明，得到家长鼓励的孩子幸福感更强。这两个系数均显著，说明存在中介效应，即学前教育经历可通过改善家长育儿态度从而提升儿童的幸福感，与基准回归结果一致。模型（4）的结果表明，获得过学前教育经历的儿童，其家长也会更经常性地要求孩子完成作业。模型（5）的结果则表明，家长越经常要求孩子完成作业，则孩子的幸福感越强。这两个系数均显著，说明存在中介效应，即学前教育通过带动家庭教育参与提升孩子的心理健康水平，与基准回归结果一致。

三、结果讨论

本节主要采用中介效应模型检验学前教育对义务教育阶段儿童心理健康的影响路径，基于研究假设，从家长育儿态度和家庭教育参与这两个方面检验儿童心理健康的中介效应，结果表明，学前教育经历主要通过以下两种途径影响儿童健康水平。

一是学前教育经历可通过促进家长与孩子和气交流、家长鼓励孩子独立思考等科学育儿方法，提高孩子心理健康水平。

二是学前教育经历可通过带动家庭教育参与，如孩子学习时家长放弃看电视、家长主动要求孩子完成作业等,促进孩子心理健康水平的提升。

由此,验证了研究假设3。

根据以上研究结果,本书认为在进一步普及学前教育的同时,也要注重学前教育质量的提升,具体如下。

一是要开展更多的亲子互动活动,让家长更多参与学生的教育活动,并且家庭教育应积极配合学校教育。这样才能更高质量地提升孩子的学业表现、社交能力和健康水平。

二是要注重孩子行为习惯的养成,在关注孩子学习成绩的同时更要关注其做事情的态度,如完成作业后再玩、做事情的坚持性、学习努力程度、注意力集中等。良好的行为习惯能够更持久、更高效地提升儿童的学业表现。

三是家长要养成科学的育儿态度,如与孩子和气说话、鼓励孩子独立思考、鼓励孩子努力做事、孩子做错事时应先问清原因等。科学的育儿态度能够给孩子传递更多的正能量,让孩子有更好的交际能力,同时也能提高孩子的幸福感和心理健康水平。

四是鼓励家长和孩子从后者年幼时期就要建立发展目标,如希望孩子未来达到何种教育程度等。远大的教育理想能给孩子以更多的努力方向和奋斗动力,从而有助于孩子学业成绩的提升,也有助于建立孩子的自信心,进而提高其社交能力。

第十章　学前教育对城乡儿童发展影响的异质性分析

我国面积广阔、人口众多，各地区发展存在较大差异，学前教育的发展水平参差不齐，对儿童发展的影响也因此存在各种可能的差异。此外，家庭是儿童成长的重要载体，不同类型的家庭在儿童学前教育中的理念和教养方式存在较大差别，从而对儿童早期发展的影响也存在一定差异。为进一步探索学前教育对不同地区和不同家庭儿童早期发展影响的差异性，本书分别针对东中西部地区、不同经济能力家庭、少数民族家庭和留守儿童家庭等开展异质性分析和详细讨论。

在变量选取上，本书从学业发展、社交能力和身心健康等三个维度各选取2个有代表性的指标。具体而言，学业发展方面选取"语文等级成绩"和"数学等级成绩"进行衡量，社交能力方面选取"社交能力评级"和"是否有好朋友"进行衡量，身心健康方面选取"锻炼频率"和"幸福感"进行衡量。对于其他指标，本书也将其作为替代变量开展稳健检验，结果相似，限于篇幅，在此不予列出。

第一节　学前教育对不同地区城乡儿童早期发展的影响差异

表10-1报告了学前教育对东中西部地区城乡儿童早期发展的影响差异。从学业成绩看，语文成绩和数学成绩的回归结果基本一致，即学前教

第十章 学前教育对城乡儿童发展影响的异质性分析

育经历能有效提升儿童学业成绩，且对中部和西部地区儿童学习成绩的影响更大，对农村地区儿童学习成绩的影响更显著；对东部地区儿童学习成绩则没有显著影响。从社交能力看，社交能力等级评定和交友能力的表现基本一致，总体而言学前教育经历有助于儿童社交能力的提升。对东部地区和西部地区的儿童来说，学前教育对儿童社交能力提升更为显著，且对东部地区影响程度更大，对农村地区儿童社交能力的影响更加明显。从身心健康情况看，学前教育经历能提高儿童锻炼频率和心理健康水平。其中，从锻炼频率方面看，学前教育对东部地区和中部地区农村儿童的锻炼习惯影响更大，对西部地区城镇儿童的锻炼习惯影响也更大；从心理健康方面看，学前教育对东部和西部地区儿童的心理健康影响更显著，且对东部地区儿童影响程度更大。特别是对农村地区儿童的心理健康影响更明显，城镇地区儿童则基本不受影响。

表 10-1 学前教育对不同地区城乡儿童早期发展的影响差异

	东部			中部			西部		
	总体	城镇	农村	总体	城镇	农村	总体	城镇	农村
$Wf501$	-0.26* (0.16)	-0.38 (0.28)	-0.19 (0.19)	-0.52*** (0.18)	-0.59 (0.43)	-0.47** (0.20)	-0.46*** (0.14)	-0.33 (0.34)	-0.46*** (0.17)
$Wf502$	-0.18 (0.15)	-0.54* (0.29)	0.02 (0.19)	-0.37** (0.16)	-0.50 (0.36)	-0.43** (0.19)	-0.36*** (0.14)	0.26 (0.36)	-0.45*** (0.16)
$Wm304$	0.40*** (0.15)	0.13 (0.25)	0.56*** (0.20)	0.01 (0.17)	0.80** (0.39)	-0.23 (0.20)	0.35** (0.14)	0.46 (0.38)	0.33** (0.16)
$Wk3$	0.92*** (0.35)	0.78 (0.83)	0.75* (0.45)	0.32 (0.35)	0.56 (0.76)	0.43 (0.43)	0.62** (0.25)	1.10 (1.03)	0.56** (0.25)
$Wl3$	-0.26* (0.15)	0.23 (0.25)	-0.46** (0.19)	-0.25 (0.17)	0.20 (0.39)	-0.50** (0.20)	-0.09 (0.13)	-0.84*** (0.30)	-0.04 (0.15)
$Wm302$	0.42*** (0.16)	0.36 (0.31)	0.40** (0.19)	0.20 (0.17)	0.41 (0.46)	0.11 (0.20)	0.29** (0.13)	0.25 (0.35)	0.35** (0.15)

注：对于东中西部儿童，笔者也比较了学前教育对其学业、社交和健康其他指标的异质性影响，结果类似，限于篇幅，在此未予列出；控制变量的回归结果与前文类似，限于篇幅，在此未予列出。

第二节 学前教育对不同类型家庭城乡儿童早期发展的影响差异

一、针对不同经济能力家庭的城乡儿童

表10-2报告了学前教育对不同经济能力家庭的城乡儿童早期发展的影响差异。从学业成绩看,不论是语文成绩还是数学成绩,学前教育经历都对高收入家庭儿童学业成绩提高的影响十分明显,对农村地区儿童的影响则更为显著。从社交能力看,学前教育经历对高收入家庭儿童社交能力提升的积极影响更大;学前教育经历在交友能力方面对高收入家庭儿童的影响程度超过对低收入家庭儿童的影响。从身体健康状况看,学前教育经历能有效促进低收入家庭儿童的日常锻炼习惯;对农村地区儿童日常锻炼习惯的积极影响更显著,对城镇地区儿童则没有显著影响,对高收入家庭儿童的锻炼习惯也没有明显改进作用。此外,心理健康表现与锻炼习惯表现基本一致,即学前教育经历能有效提高低收入家庭儿童的心理健康水平,对高收入家庭儿童的心理健康水平则没有显著影响。

表10-2 学前教育对不同经济能力家庭的城乡儿童早期发展的影响差异

	低收入			高收入		
	总体	城镇	农村	总体	城镇	农村
$Wf501$	−0.30*** (0.12)	−0.35 (0.28)	−0.29** (0.13)	−0.45*** (0.13)	−0.47* (0.25)	−0.48*** (0.18)
$Wf502$	−0.25** (0.11)	−0.07 (0.26)	−0.27** (0.13)	−0.31** (0.13)	−0.38 (0.24)	−0.30* (0.17)
$Wm304$	0.24** (0.11)	0.35 (0.25)	0.24* (0.13)	0.29** (0.13)	0.54** (0.24)	0.17 (0.17)

续表

	低收入			高收入		
	总体	城镇	农村	总体	城镇	农村
$Wk3$	0.67*** (0.21)	-0.76 (0.91)	0.67*** (0.23)	1.01*** (0.28)	1.65*** (0.56)	0.60* (0.35)
$Wl3$	-0.20* (0.11)	-0.02 (0.23)	-0.35*** (0.13)	0.03 (0.13)	-0.23 (0.25)	-0.11 (0.17)
$Wm302$	0.33*** (0.11)	0.71*** (0.28)	0.28** (0.12)	0.11 (0.14)	0.10 (0.27)	0.21 (0.18)

注：对于来自不同经济能力家庭的儿童，笔者也比较了学前教育对其学业、社交和健康其他指标的异质性影响，结果类似，限于篇幅，在此未予列出；控制变量的回归结果与前文类似，限于篇幅，在此未予列出。

二、针对不同民族的城乡儿童

表10-3报告了学前教育对不同民族城乡儿童早期发展的影响差异。从学业成绩看，语文和数学成绩的回归结果基本一致，即学前教育经历对提高汉族儿童学业成绩的影响显著，对少数民族儿童成绩的提高则没有显著作用。其可能的原因是，大多数少数民族儿童居住于偏远地区，学前教育质量较差，因而这段经历对其成绩的提高没有显著促进作用。从社交能力看，学前教育经历能显著提升汉族儿童的社交能力和交友能力；对少数民族儿童交友能力的提升也有显著影响，但仅在10%显著性水平上显著。从身心健康状况看，学前教育经历能促进汉族地区农村儿童养成日常锻炼习惯，对少数民族地区城镇儿童的锻炼习惯也有显著改善效果；就心理健康水平而言，学前教育经历仅对汉族地区农村儿童的心理健康有改进效果，对少数民族地区和城镇地区儿童的心理健康则均没有显著影响。

表 10-3 学前教育对不同民族城乡儿童早期发展的影响差异

	汉族			少数民族		
	总体	城镇	农村	总体	城镇	农村
$Wf501$	-0.38*** (0.09)	-0.54*** (0.19)	-0.36*** (0.11)	-0.33 (0.37)	-1.19 (1.07)	-0.12 (0.42)
$Wf502$	-0.27*** (0.09)	-0.34* (0.19)	-0.27*** (0.11)	-0.49 (0.36)	-0.44 (0.89)	-0.41 (0.41)
$Wm304$	0.22** (0.09)	0.40** (0.18)	0.21* (0.11)	-0.14 (0.36)	-0.11 (1.06)	-0.16 (0.40)
$Wk3$	0.61*** (0.18)	0.79 (0.49)	0.44** (0.21)	1.19* (0.62)	1.02 (0.63)	1.24* (0.68)
$Wl3$	-0.11 (0.09)	-0.06 (0.18)	-0.29*** (0.11)	0.01 (0.31)	-1.44** (0.72)	0.20 (0.39)
$Wm302$	0.21** (0.09)	0.26 (0.21)	0.26** (0.11)	0.16 (0.35)	0.35 (0.74)	0.13 (0.42)

注：对于汉族儿童和少数民族儿童，笔者也比较了学前教育对其学业、社交和健康等其他指标的异质性影响，结果类似，限于篇幅，在此未予列出；控制变量的回归结果与前文类似，限于篇幅，在此未予列出。

三、针对留守非留守家庭中的城乡儿童

表 10-4 报告了学前教育对城乡留守儿童和非留守儿童早期发展的影响差异。从学业成绩看，学前教育经历对留守儿童和非留守儿童的学业成绩都有显著提升作用，其中，对留守儿童学业成绩的影响更大，对农村地区留守儿童的学业成绩影响则更为显著。从社交能力看，学前教育经历能显著提升非留守儿童的社交能力，对留守儿童社交能力的提升则没有显著影响。其可能的原因是，留守儿童缺少父母陪伴，在家庭日常生活中缺少交流，虽然他们也接受了学前教育，但是由于缺少家庭教育的配合，因而学前教育对儿童社交能力的提升效果大幅降低。从锻炼频率方面看，学前教育经历能显著改善农村非留守儿童的锻炼习惯，对留守儿童的影响则不

显著。就心理健康而言，学前教育能提高非留守儿童的心理健康水平，对留守儿童的心理健康水平则没有显著的提高效果。

表10-4 学前教育对城乡留守和非留守儿童早期发展的影响差异

	留守儿童			非留守儿童		
	总体	城镇	农村	总体	城镇	农村
Wf501	-0.82** (0.38)	-0.36 (1.37)	-0.99** (0.42)	-0.32*** (0.09)	-0.41** (0.19)	-0.28** (0.11)
Wf502	-1.02*** (0.32)	0.67 (1.25)	-1.39*** (0.37)	-0.21** (0.09)	-0.26 (0.18)	-0.18* (0.11)
Wm304	0.32 (0.33)	-0.47 (1.74)	0.52 (0.36)	0.23*** (0.09)	0.47*** (0.17)	0.19* (0.11)
Wk3	-0.29 (0.77)	-0.31 (1.05)	-0.35 (0.98)	0.83*** (0.17)	0.86* (0.47)	0.71*** (0.20)
Wl3	0.11 (0.30)	-1.87* (1.00)	0.39 (0.36)	-0.13 (0.09)	-0.11 (0.17)	-0.32*** (0.11)
Wm302	0.20 (0.32)	-1.37 (1.44)	0.40 (0.34)	0.23*** (0.09)	0.40** (0.19)	0.25** (0.11)

注：对于留守和非留守儿童，笔者也比较了学前教育对其学业、社交和健康等其他指标的异质性影响，结果类似，限于篇幅，在此未予列出；控制变量的回归结果与前文类似，限于篇幅，在此未予列出。

第三节　结果讨论

本章主要考察学前教育对儿童早期发展影响的异质性，并从不同地区和不同家庭展开分析，即东中西部地区儿童、不同经济能力家庭儿童、不同民族儿童、留守和非留守儿童等。研究结果表明，学前教育经历对不同儿童早期发展的影响存在显著差异，具体结论如下。

第一，学前教育经历对东中西部地区城乡儿童的学业、社交和健康表现的影响存在差异。学业方面，学前教育经历对中部和西部地区儿童学习成绩的影响更为显著，对东部地区儿童的学习成绩则基本没有显著影响。社交方面，学前教育经历对东部地区和西部地区儿童社交能力的影响更为显著，且对东部地区儿童社交能力的影响程度更大。健康方面，学前教育经历对东部和西部地区儿童的心理健康影响更为显著，且对东部地区儿童的心理健康影响程度更大。

第二，学前教育经历对不同经济能力家庭儿童的早期发展的影响不同。学业方面，学前教育经历对高收入家庭儿童的学业成绩提高的影响更大。社交方面，学前教育经历对高收入家庭儿童社交能力提升的效果更好。健康方面，学前教育经历能有效改善低收入家庭儿童的日常锻炼习惯和心理健康水平。

第三，学前教育经历对汉族和少数民族儿童早期发展的影响存在差异。学业方面，学前教育经历对提高汉族儿童学业成绩的影响显著，对少数民族儿童成绩的提高则没有显著作用。社交方面，学前教育经历能显著提升汉族儿童的社交能力和交友能力，对少数民族儿童社交能力的提升则没有显著影响。健康方面，学前教育经历能提高汉族农村地区儿童的健康水平，对少数民族地区儿童的健康水平则没有显著影响。

第四，学前教育经历对留守儿童和非留守儿童早期发展的影响不同。学业方面，学前教育经历对留守儿童和非留守儿童的成绩均有提升作用，且对留守儿童成绩影响程度更大。社交方面，学前教育经历能显著提升非留守儿童的社交能力，对留守儿童社交能力的提升则没有显著影响。健康方面，学前教育经历能显著提高非留守儿童的健康水平，对留守儿童的健康水平则没有显著的提高效果。

下篇
XIAPIAN

城乡学前教育的财政保障研究

第十一章　学前教育的财政支持政策梳理

2010 年以来，我国学前教育发展进入快车道，大量政策相继出台，推动了学前教育的迅猛发展。为加快学前教育的普及普惠，国家层面、地区层面均发布了众多的财政支持政策，以降低幼儿园的保育费用，为各类家庭提供价格可接受的学前教育服务。为系统梳理我国学前教育财政支持政策的脉络，本书搜集了教育部、财政部以及各地政府（包括地方财政部门）的官方网站，归纳了学前教育的重点支持政策，具体如下。

2010 年，国务院发布《国家中长期教育改革和发展规划纲要（2010—2020 年）》，将学前教育从基础教育中分离出来，并将其独立纳入现代国民教育体系。同年发布的《国务院关于当前发展学前教育的若干意见》（国发〔2010〕41 号）中明确指出，"多种渠道加大学前教育投入。各级政府要将学前教育经费列入财政预算。新增教育经费要向学前教育倾斜"。

2012 年，《国家教育事业发展第十二个五年规划》要求，省级政府制定本区域学前教育发展规划，完善发展学前教育政策，加强学前教育师资队伍建设，建立学前教育的经费保障制度。

2015 年，《国务院关于进一步完善城乡义务教育经费保障机制的通知》（国发〔2015〕67 号）提出，发展农村学前教育，每个乡镇至少办好 1 所公办中心幼儿园，完善县农村学前教育公共服务网络。

2017 年发布的《国家教育事业发展"十三五"规划》继续扩大普惠性学前教育资源，提出到 2020 年学前三年入园率达到 85% 的目标。

2018 年，《中共中央 国务院关于学前教育深化改革规范发展的若干意见》要求,"国家进一步加大学前教育投入力度,逐步提高学前教育财政投入和支持水平,主要用于扩大普惠性资源、补充配备教师、提高教师待遇、改善办园条件"。

2020年,《中华人民共和国国民经济和社会发展第十四个五年规划和2035年远景目标纲要》要求,完善普惠性学前教育和特殊教育、专门教育保障机制,将学前教育毛入园率提高到90%以上。

2021年,《"十四五"学前教育发展提升行动计划》(教基〔2021〕8号)提出,"优化完善财政补助政策,逐步提高学前教育财政投入水平,保障普惠性学前教育有质量可持续发展,同时要健全学前教育资助制度,切实保障家庭经济困难儿童接受普惠性学前教育"。同年发布的《中国儿童发展纲要(2021—2030年)》提出,继续实施学前教育行动计划,重点补齐人口集中流入地、农村地区、欠发达地区、民族地区以及城市薄弱地区的普惠性资源短板,基本实现学前教育公共服务体系全覆盖。

当前,各地区对学前教育财政投入的政策支持力度均较大,但各地区在补助金额、补助方式等方面有所差异,具体呈现出以下特点。

第一,补助标准不同。例如,2019年,北京市发布的《北京市市级财政支持学前教育事业发展补助资金管理使用实施细则(修订)》规定,对符合条件的普惠性幼儿园按照每生每月1 000元给予生均定额补助,每年按12个月计发(合计12 000元/年),用于弥补办园成本支出。2018年,辽宁省出台《关于全省学前教育生均公用经费基准定额的通知》(辽财教〔2018〕603号),提出自2019年起,学前教育公用经费财政补助生均基准定额为每生每年500元;省财政厅和省教育厅将建立学前教育公用经费财政补助生均基准定额动态调整机制,根据学前教育事业发展情况、财政状况、物价变化等因素适时调整基准定额。

第二,政策向弱势家庭倾斜。例如,2018年,山西省财政厅、山西省教育厅印发的《学前教育建设与资助资金管理办法》(晋财教〔2018〕92号)规定,各级各类幼儿园就读的家庭经济困难儿童、孤儿和残疾儿童，按照每生每年 1 000 元标准资助，所需资金除中央奖补资金外，不足部分由省市县财政按 4∶3∶3 的比例分担。2022 年，内蒙古自治区财政厅、教育厅发布的《关于建立学前教育资助制度的通知》（内财教〔2022〕993 号）要求，对于 A 类家庭经济困难在园幼儿每生每年补助 2 000 元，B、C 类家庭经济困难在园幼儿每生每年补助 1 000 元。

第三，明确划分层级间财政事权和支出责任。例如，2020 年，天津市发布《天津市人民政府办公厅关于印发天津市教育领域财政事权和支出责任划分改革方案的通知》（津政办发〔2020〕6 号）指出，学前教育实行以政府投入为主、受教育者合理分担、其他多种渠道筹措经费的投入机制，总体为中央、市、区共同财政事权，所需财政补助经费主要按照隶属关系等由中央、市、区财政分别负担，并且由区级财政主要承担财政事权和支出责任。

此外，为了加速推动农村学前教育发展，缩小城乡学前教育发展差距，国家还针对农村地区的学前教育提出了发展目标和要求，举例如下。

2010 年发布的《国家中长期教育改革和发展规划纲要（2010—2020 年）》明确要求，重点发展农村学前教育。努力提高农村学前教育普及程度；着力保证留守儿童入园；采取多种形式扩大农村学前教育资源，改扩建、新建幼儿园，充分利用中小学布局调整富余的校舍和教师举办幼儿园（班）；发挥乡镇中心幼儿园对村幼儿园的示范指导作用；支持贫困地区发展学前教育。

2016 年发布的《国务院办公厅关于加快中西部教育发展的指导意见》（国办发〔2016〕37 号）提出，"构建农村学前教育体系，逐步提高农村入园率，基本普及学前教育。国家继续支持学前教育发展，重点向中西部革命老区、民族地区、边疆地区、贫困地区农村倾斜，因地制宜加强园舍建设、师资培训和玩教具配备，加快推进农村学前教育发展"。

2018 年发布的中央 1 号文件《中共中央 国务院关于实施乡村振兴战略的意见》专门指出：发展农村学前教育。

2018年,《中共中央 国务院关于学前教育深化改革规范发展的若干意见》明确要求:"国家继续实施学前教育行动计划,逐年安排建设一批普惠性幼儿园,重点扩大农村地区、脱贫攻坚地区、新增人口集中地区普惠性资源","中央财政继续安排支持学前教育发展资金,支持地方多种形式扩大普惠性资源,深化体制机制改革,健全幼儿资助制度,重点向中西部农村地区和贫困地区倾斜"。

2019年发布的《中国教育现代化2035》特别强调,"以农村为重点提升学前教育普及水平,建立更为完善的学前教育管理体制、办园体制和投入体制,大力发展公办园,加快发展普惠性民办幼儿园"。

2020年发布的《中共中央 国务院关于抓好"三农"领域重点工作 确保如期实现全面小康的意见》指出,重视农村学前教育,多渠道增加普惠性学前教育资源供给。

2021年发布的《中共中央 国务院关于全面推进乡村振兴 加快农业农村现代化的意见》再次强调,提高农村教育质量,多渠道增加农村普惠性学前教育资源供给。

这些政策的出台和实施对指导学前教育体系建设、引导财政加大对学前教育财政投入发挥了重要作用,为各地区规范财政投入、完善学前教育财政投入体制机制提供了重要基础。财政投入对学前教育的积极影响主要体现在以下三个方面。

第一,财政投入有助于促进学前教育普惠可及。财政支持可直接降低学前教育机构的运营成本,从而降低保育费用,降低适龄儿童家庭经济负担;特别是,能够让更多来自农村地区的儿童有机会获得价格低廉的学前教育,从而促进学前教育的普惠可及。

第二,财政投入有助于提升学前教育服务质量。充足的财政投入有助于比较全面地改善学前教育设施,如建设安全、卫生、富有教育意义的学习环境,配备先进的教学设备和玩具材料,等等。同时,也能支持教师的专业发展和培训工作,提高其教学能力和专业素养,从而提升学前教育的整体质量,而高质量的学前教育又有助于儿童在认知、情感、社交等方面得到全面发展,为国家未来提升国际竞争力培养更多人才。

第三,财政投入可以通过政策倾斜和资金补助等方式,重点支持面向贫困地区、民族地区、农村地区和弱势群体等的学前教育,从而缩小城乡、区域和群体之间的教育差距和儿童发展差距,确保每个孩子都能享受到公平而有质量的学前教育,这对推动教育公平以及促进社会和谐稳定具有重要意义。

第十二章　城乡学前教育财政支持的现状分析

在中央政策的指引下，全国各地普遍加大了对学前教育的财政投入力度，这对推动我国学前教育的普惠可及和高质量发展至关重要，也有助于为缩小城乡差距、实现共同富裕奠定重要基础。笔者在本章和下一章均采用了2011—2021年的省级面板数据，由于2011年前的财政投入统计数据未区分城乡，故仅采用2011年及其后年份的数据。数据来源于历年《中国教育经费统计年鉴》、《中国教育统计年鉴》以及《中国人口和就业统计年鉴》等。上篇城乡划分部分按照城镇（包含城区和镇区）、农村进行划分。下篇则涉及财政投入数据，由于《中国教育经费统计年鉴》中的城乡划分以城市和农村（农村包含镇区和乡村）口径进行，故下篇按照城市、农村（包含镇区和乡村）的方式来划分城乡。

第一节　全国学前教育财政投入总体情况——基于各教育阶段财政投入的比较

一、各教育阶段的财政投入情况

图 12-1 反映了各教育阶段的财政投入占教育经费支出比重的情况，该比重越高，说明财政投入力度越大，在教育经费支出中政府分担的比例也越大。图 12-1 中的财政投入采用各级各类教育机构财政补助支出加以表示。由图 12-1 可知，2021年，义务教育阶段的财政投入力度最大。其

中，普通小学的财政投入占教育经费支出的比重为 92.17%，普通初中财政投入占教育经费支出的比重为 89.32%。接下来是中等职业学校和普通高中，财政投入占教育经费支出的比重分别为 87.27%和 80.57%。普通高等学校和幼儿园的财政投入占教育经费支出比重最少，分别为 58.34%和 54.29%。其中，幼儿园的财政投入力度还略低于普通高等学校。这说明，虽然国家加大了财政投入力度，但是相比其他教育阶段，学前教育阶段经费支出中政府分担的比例还有待进一步提升。

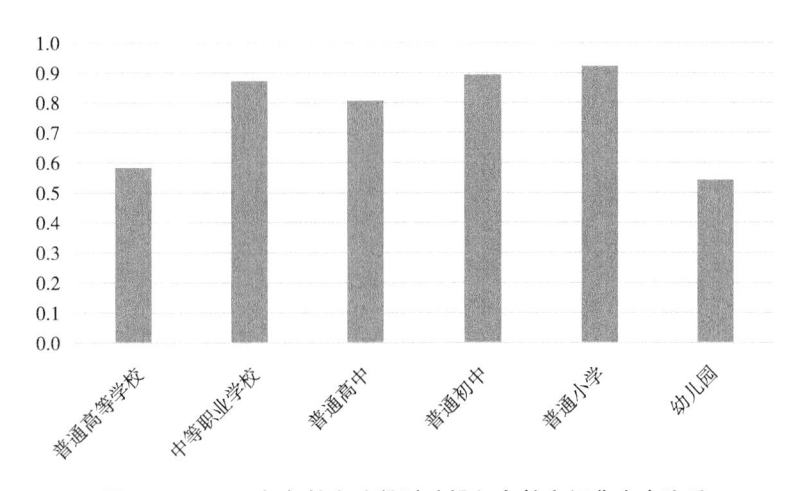

图 12-1　2021 年各教育阶段财政投入占教育经费支出比重

图 12-2 显示了教育财政投入在不同教育阶段的分布情况。由图 12-2 可知，国家对教育领域的财政投入重点向义务教育阶段倾斜。其中，对普通小学投入占比 33.91%，对普通初中投入占比 21.07%；普通高等学校次之，对其的投入占比是 20.87%；普通高中再其次，占比为 11.34%；对中等职业学校和幼儿园的投入则显不足，占比仅比 6.00%多一点，不到 7.00%。

二、各教育阶段的生均财政投入情况

接下来，考虑到各教育阶段的学龄人口数不同可能产生的规模效应影响，本书还对各教育阶段的生均财政投入情况进行了比较。

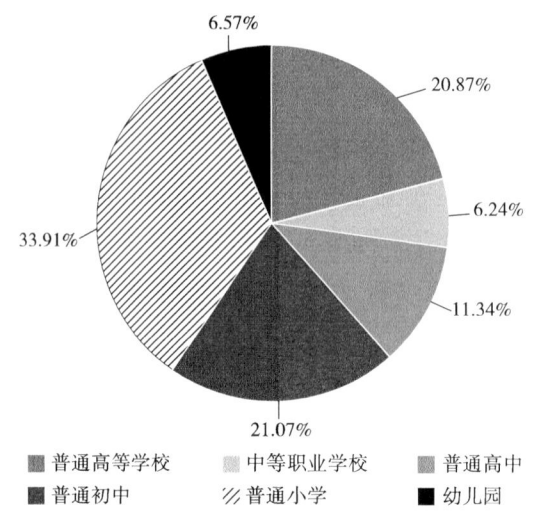

图 12-2　2021 年教育财政投入在不同教育阶段的分布情况

图 12-3 描述了各教育阶段的生均财政投入，采用生均一般公共预算教育经费支出表示。可以发现，普通高等学校的生均财政投入额度最大，2021 年生均财政投入为 22 586 元，这主要是因为高等教育相比其他教育阶段而言成本更高，因而国家支持的金额最大。其次是普通高中和普通初中，生均财政投入额度分别为 18 809 元和 17 772 元。再次是中等职业学校，生均财政投入为 17 095 元。普通小学生均财政投入为 12 381 元，而幼儿园生均财政投入最低，为 9 506 元。

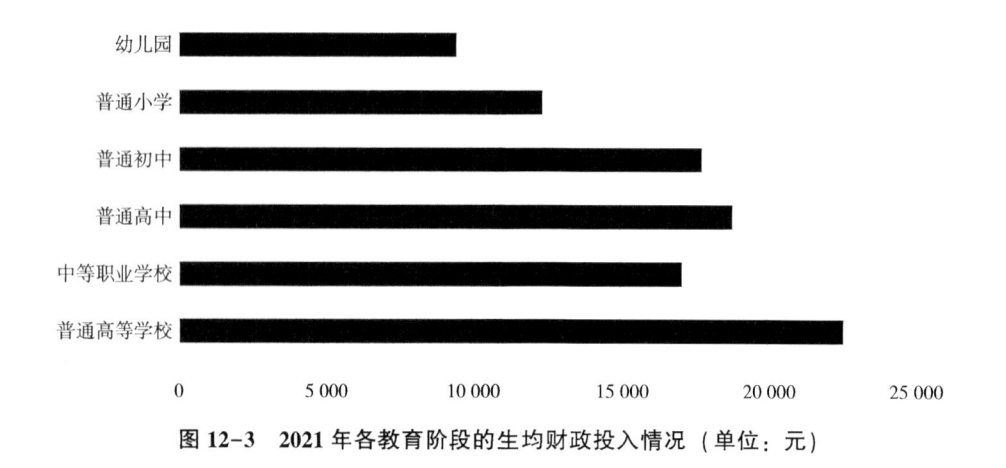

图 12-3　2021 年各教育阶段的生均财政投入情况（单位：元）

除了分析生均财政投入规模，本研究还从生均角度测算了政府对教育经费支出的分担情况（图12-4），采用生均一般公共预算教育经费支出与生均教育经费支出比重表示。由于数据可得性限制，故在此采用教育和其他部门的统计口径数据。从中可以看出，普通高等学校虽然生均财政投入规模最大，但是相比其高昂的教育经费支出，政府分担的比例最低，仅为56.66%。幼儿园生均学前教育经费中的政府分担比例为66.24%。中等职业学校生均学前教育经费中的政府分担比例则为69.93%。普通高中政府分担比例为74.52%。生均学前教育经费中政府分担比例最多的还是义务教育阶段，其中，普通初中之中的政府分担比例为82.60%，普通小学中的政府分担的比例为83.00%。

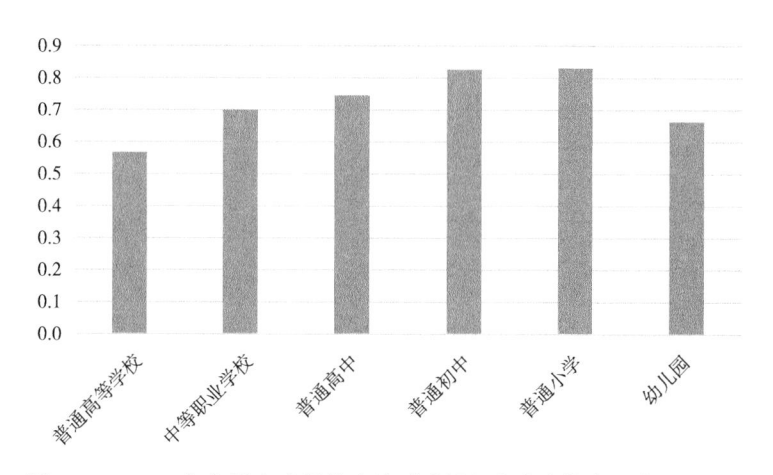

图 12-4 2021 年各教育阶段的生均财政投入占生均教育经费支出比重

第二节 城乡学前教育财政投入情况分析

一、全国城乡学前教育财政投入变化趋势

图 12-5 反映了 2011—2021 年城乡学前教育财政投入变化趋势。在此说明一点，考虑到数据的可得性和可比性，本书在讨论城乡财政投入时除特别说明外，均以学前教育一般公共预算教育事业费和基本建设支出加以

表示。由于《中国教育经费统计年鉴》有关学前教育生均一般公共预算教育经费的支出结构中仅统计了地方幼儿园，为保持与后文分析的一致性，故本章讨论学前教育财政投入时均采用地方幼儿园数据（讨论各教育阶段时的学前教育财政投入则除外）。

由图12-5可知，城乡学前教育财政投入均呈现逐年增加趋势，2011—2021年，城市学前教育财政投入从206.33亿元增加到1 215.88亿元；农村学前教育财政投入则从116.03亿元增加到1 076.71亿元，超过城市的增长幅度。对比城乡学前教育财政投入的规模可知，2011—2013年，城市学前教育财政投入超过农村；2014—2019年，农村学前教育财政投入加速增长，超过了城市学前教育中的财政投入；2020年后，随着我国城镇化率的不断提高，人口和学前教育资源不断向城市集聚，农村流出人口增加，从而使城市学前教育中的财政投入再次超过了农村。

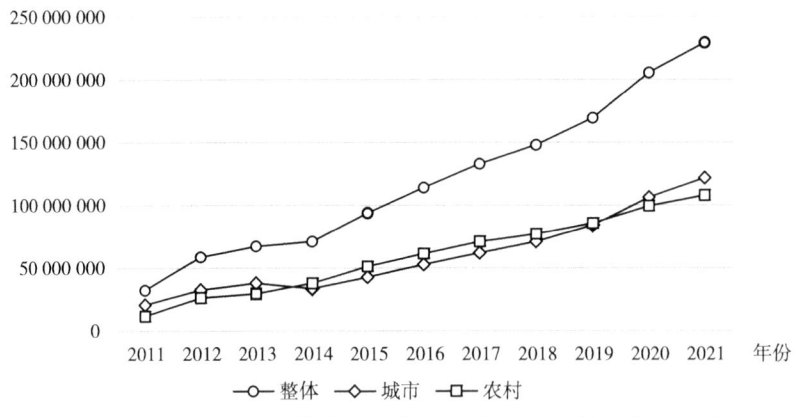

图12-5　2011—2021年学前教育财政投入的城乡比较（单位：千元）

二、全国城乡学前教育生均财政投入变化趋势

图12-6从城乡学前教育的生均财政投入角度描述了历年变化趋势情况。生均财政投入采用生均一般公共预算教育事业费和基本建设支出表示。城市学前教育中的生均财政投入始终高于农村学前教育中的生均财政投入。自2014年后，城市的学前教育生均财政投入增速更快。2011—2021年，城

市的学前教育生均财政投入从 4 408 元增加到 12 779 元，同期农村的学前教育生均财政投入则从 1 409 元增加到 7 013 元，尽管其变化幅度超过城市，但是农村的生均财政投入规模仍明显低于城市。

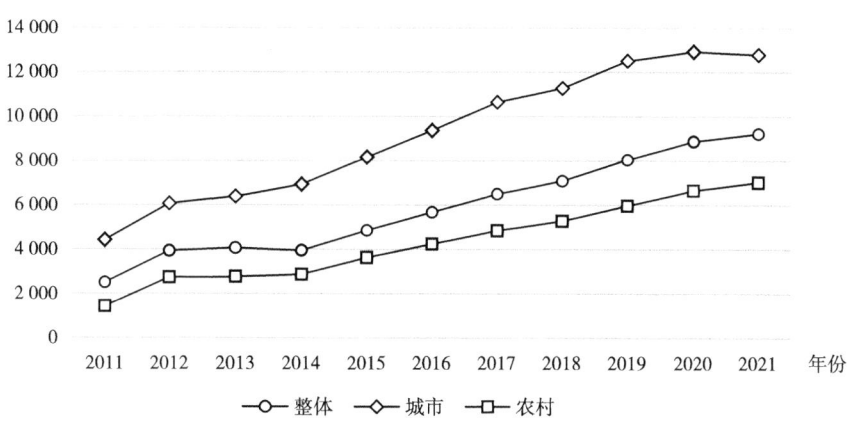

图 12-6　2011—2021 年学前教育生均财政投入的城乡比较（单位：元）

三、各教育阶段财政投入的城乡比较

表 12-1 列明了各教育阶段城乡财政投入差异情况。由于我国的普通高等学校和中等职业学校基本上都坐落在城市地区，所以就统计口径而言，对普通高等教育和中等职业教育这两种教育类型缺少来自农村地区的统计。因此，本书在比较各教育阶段的城乡财政投入情况时，仅分析普通高中、普通初中、普通小学和学前教育等的情况。

表 12-1 中的财政投入指财政补助占教育经费支出的比重，即政府分担比例。由表 12-1 可知，不论是从整体来看还是分别从城市和农村来看，相比其他教育阶段，学前教育的财政分担比例都是最低的，其中，城市学前教育的财政分担比例仅为 49.49%，农村学前教育的财政分担比例则为 61.29%。对于其他教育阶段来说，财政分担的比例更高，均在 80% 以上，其中，义务教育阶段的财政分担比例更高。对于普通高中阶段而言，城乡的财政分担比例几乎相同；在义务教育阶段（普通初中、普通小学），则农村的财政分担比例高于城市。

表 12-1　2021 年各教育阶段财政投入（政府分担比例）的城乡比较　单位：%

	整体	城市	农村
普通高中	80.57	80.64	80.48
普通初中	89.32	85.31	92.96
普通小学	92.17	88.09	95.54
幼儿园	54.29	49.49	61.29

考虑到城乡之间存在适龄儿童的人口规模差异，故本书进一步比较了各教育阶段的生均财政投入情况（表12-2）。从生均财政投入来看，相比其他教育阶段，学前教育阶段的生均财政投入规模最小，普通高中阶段的生均财政投入规模最大，普通初中和普通小学次之。在各教育阶段的生均财政投入中，城市均超过农村。其中，普通高中阶段生均财政投入中的城乡差距最大，城市的生均财政投入比农村多 7 603 元；普通初中次之，城市的生均财政投入比农村多 4 059 元；而学前教育的城乡生均财政投入差距为 2 713 元。从各教育阶段生均教育经费支出中的政府分担比例来看，整体上普通高中、普通初中和普通小学阶段的政府分担比例均超过学前教育阶段。此外，从各教育阶段生均经费的政府分担比例看，农村均超过城市，其中，就学前教育阶段的政府分担比例而言，农村地区是 69.56%，超过城市地区 3.84 个百分点，这也证实了国家对学前教育的财政支持向农村倾斜的政策初衷。

表 12-2　2021 年各教育阶段生均财政投入的城乡比较

	生均一般公共预算教育经费支出（元）			生均一般公共预算教育经费支出/生均教育经费支出中的财政分担比例（%）		
	整体	城市	农村	整体	城市	农村
普通高中	18 018.86	21 616.65	14 013.43	74.52	73.60	76.16
普通初中	17 122.49	19 439.00	15 380.20	82.60	80.06	85.17
普通小学	12 019.49	12 790.13	11 459.43	83.00	80.81	84.87
幼儿园	9 207.47	9 725.29	7 011.90	66.24	65.71	69.56

四、各地区学前教育财政投入的城乡比较

图12-7描述了2021年各地区学前教育财政投入的城乡差异情况。财政投入采用财政补助支出表示。由图12-7可知，各地区城乡差异的表现不同。其中，北京、天津、上海、广东、江苏、浙江、福建等地对城市的学前教育财政投入超过农村，而内蒙古、江西、广西、贵州、云南、西藏、甘肃、新疆等地对农村的学前教育财政投入超过城市。其可能的原因是，发达地区的城镇化率较高，城乡发展差距相对较小，城市适龄儿童更多，因而其城市对学前教育的需求更大，所以政府将更多财政资源投入城市学前教育。欠发达地区则与之相反，其城乡差距相对较大，依靠自身能力发展学前教育发展面临较大挑战，所以，为实现这些地区学前教育普惠可及的目标，财政加大了对其农村学前教育的支持力度，以推动教育公平和公共服务均等化。

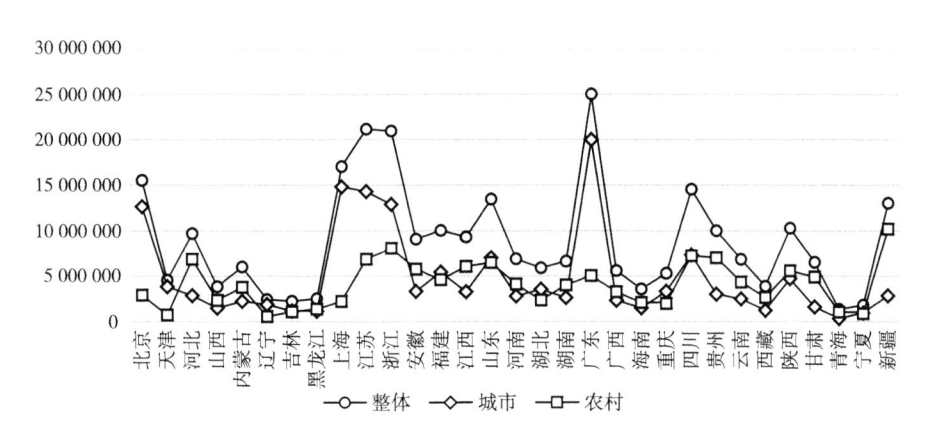

图12-7　2021年各地区学前教育财政投入的城乡比较（单位：千元）

图12-8描述了2021年各地区学前教育生均财政投入的城乡差异情况，采用生均一般公共预算教育事业费和基本建设支出表示，限于数据可得性，在此采用地方幼儿园数据分析。其中，北京、上海等地的生均财政投入水平较高；此外，西藏地区将学前教育列为义务教育，因而其财政投入的力度也较大。从城乡角度来看，各地区的城市学前教育财政投入规模普遍高于农村，这与城市学前教育的运营成本相对较高有很大关系。

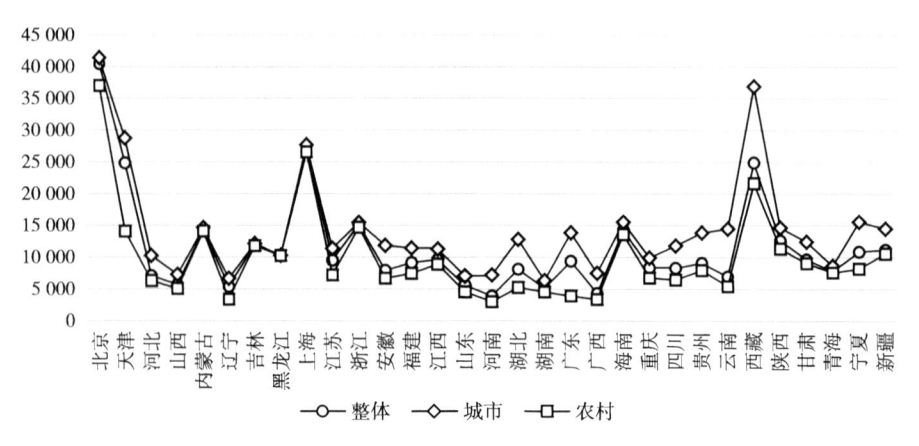

图 12-8　2021 年各地区学前教育生均财政投入的城乡比较（单位：元）

第三节　城乡学前教育财政投入结构分析

一、学前教育财政投入结构的城乡比较

表 12-3 列示了学前教育财政投入结构的整体情况，即各类财政投入占财政总投入的比重。从全国来看，事业费支出占比较高，占财政总投入的 98.43%，而基本建设支出占比仅为 1.57%。事业费支出包括个人部分及公用部分。其中，个人部分占比达到 58.99%，公用部分占比达到 39.43%。个人部分又细分为工资福利支出、对个人和家庭的补助支出，其占财政总投入的比重分别为 54.43%、4.56%。这意味着，财政投入中的很大一部分是用于师资工资福利和学前教育机构正常运转所必需的公用经费，而这也是学前教育机构运行成本中最重要的构成，说明财政投入的瞄准性强、结构分配较为合理。分地区来看，大部分地区的支出结构安排与全国一致，仅个别地区，如江西、海南、重庆、宁夏等地，其公用经费占比超过工资福利支出，可见这些地区需要在提高师资薪酬待遇方面再加一把力，以激励师资提供更高质量的保育服务。

第十二章 城乡学前教育财政支持的现状分析

表12-3 2021年学前教育财政投入结构（整体情况）　　单位:%

整体	事业费支出占比					基本建设支出占比
	合计	个人部分			公用部分	
		小计	工资福利支出	对个人和家庭的补助支出		
全国	98.43	58.99	54.43	4.56	39.43	1.57
北京	96.94	60.14	59.28	0.86	36.80	3.06
天津	99.62	61.67	60.01	1.65	37.96	0.38
河北	99.86	72.24	69.51	2.73	27.62	0.14
山西	99.67	59.53	55.49	4.04	40.14	0.33
内蒙古	98.22	62.47	59.25	3.22	35.75	1.78
辽宁	99.94	59.71	56.45	3.25	40.23	0.06
吉林	99.14	62.43	60.90	1.53	36.70	0.86
黑龙江	98.73	59.48	53.27	6.20	39.25	1.27
上海	99.77	62.24	61.70	0.55	37.52	0.23
江苏	99.63	59.00	56.45	2.55	40.62	0.37
浙江	97.48	55.64	53.18	2.46	41.84	2.52
安徽	99.32	53.53	49.07	4.46	45.79	0.68
福建	99.54	62.20	59.61	2.59	37.34	0.46
江西	99.23	46.38	44.71	1.67	52.85	0.77
山东	100.00	53.84	49.60	4.23	46.16	0.00
河南	99.38	61.42	57.12	4.31	37.95	0.62
湖北	100.00	57.42	53.54	3.88	42.58	—
湖南	98.89	51.37	46.07	5.30	47.52	1.11
广东	98.26	57.82	49.17	8.64	40.45	1.74
广西	94.74	52.66	48.84	3.82	42.08	5.26
海南	98.82	38.41	36.04	2.36	60.42	1.18
重庆	96.91	42.47	34.46	8.01	54.45	3.09
四川	97.71	51.10	44.35	6.75	46.61	2.29
贵州	98.21	66.66	58.96	7.70	31.55	1.79

续表

整体					
	事业费支出占比				基本建设支出占比
	合计	个人部分		公用部分	
		小计	工资福利支出	对个人和家庭的补助支出		
云南	97.93	69.97	63.25	6.72	27.96	2.07
西藏	95.83	71.50	57.61	13.89	24.33	4.17
陕西	96.94	56.97	53.14	3.83	39.97	3.06
甘肃	98.94	65.32	60.15	5.17	33.62	1.06
青海	95.04	54.23	42.48	11.75	40.81	4.96
宁夏	99.07	38.19	33.37	4.81	60.88	0.93
新疆	96.28	77.03	66.09	10.94	19.25	3.72

注：表中各项占比为学前教育各项财政支出占学前教育财政总支出的比重，下同。

表12-4和表12-5分别列示了城市和农村学前教育财政投入结构的情况。从全国来看，城市和农村学前教育阶段的财政投入结构与城乡整体的情况基本一致。与此同时，在农村地区的学前教育阶段，财政投入师资工资福利的比重更高，投入公用部分的比重更小。分地区来看，大部分地区与全国的财政投入结构分布一致，个别地区，如北京、天津等，其城市学前教育阶段的师资工资福利占比高于农村，但差距较小。

表12-4　2021年城市学前教育财政投入结构　　单位：%

城市					
	事业费支出占比				基本建设支出占比
	合计	个人部分		公用部分	
		小计	工资福利支出	对个人和家庭的补助支出		
全国	98.32	55.39	51.44	3.95	42.94	1.68
北京	96.74	60.58	59.65	0.93	36.16	3.26
天津	99.90	62.33	60.57	1.76	37.57	0.10

续表

	城市					
	事业费支出占比					基本建设支出占比
	合计	个人部分			公用部分	
		小计	工资福利支出	对个人和家庭的补助支出		
河北	99.75	68.94	65.18	3.76	30.81	0.25
山西	99.95	53.81	50.41	3.39	46.15	0.05
内蒙古	97.81	56.45	53.44	3.01	41.37	2.19
辽宁	100.00	56.56	53.01	3.56	43.44	0.00
吉林	99.22	57.90	55.94	1.96	41.32	0.78
黑龙江	99.58	57.44	50.82	6.62	42.13	0.42
上海	99.73	60.52	60.00	0.52	39.21	0.00
江苏	99.45	57.61	55.49	2.12	41.84	0.55
浙江	97.88	55.59	53.40	2.20	42.28	2.12
安徽	99.64	45.98	40.22	5.76	53.67	0.36
福建	99.39	61.03	57.92	3.11	38.36	0.61
江西	99.75	41.49	39.82	1.67	58.26	0.25
山东	100.00	49.66	46.19	3.47	50.33	0.00
河南	99.12	61.39	57.82	3.57	37.74	0.88
湖北	100.00	56.05	52.77	3.27	43.95	0.00
湖南	99.32	47.53	42.21	5.32	51.79	0.68
广东	97.99	58.57	49.17	9.40	39.42	2.01
广西	90.09	50.57	47.13	3.43	39.52	9.91
海南	99.65	29.71	27.57	2.14	69.95	0.35
重庆	95.41	34.32	28.15	6.17	61.09	4.59
四川	98.01	45.03	39.96	5.07	52.98	1.99
贵州	95.78	49.82	44.05	5.77	45.97	4.22
云南	98.11	61.09	53.06	8.03	37.02	1.89
西藏	99.78	65.52	54.19	11.33	34.26	0.22
陕西	96.12	49.98	46.82	3.16	46.13	3.88
甘肃	98.32	52.02	43.25	8.77	46.31	1.68

续表

城市	事业费支出占比 合计	个人部分 小计	工资福利支出	对个人和家庭的补助支出	公用部分	基本建设支出占比
青海	98.33	52.46	42.25	10.21	45.87	1.67
宁夏	100.00	27.42	24.26	3.16	72.58	0.00
新疆	93.17	61.98	55.13	6.85	31.19	6.83

表12-5　2021年农村学前教育财政投入结构　　　　单位:%

农村	事业费支出占比 合计	个人部分 小计	工资福利支出	对个人和家庭的补助支出	公用部分	基本建设支出占比
全国	98.55	63.25	57.97	5.28	35.30	1.45
北京	97.83	58.21	57.65	0.56	39.62	2.17
天津	98.11	58.09	57.02	1.07	40.03	1.89
河北	99.91	73.61	71.32	2.29	26.29	0.09
山西	99.48	63.15	58.70	4.45	36.34	0.52
内蒙古	98.45	66.04	62.70	3.34	32.41	1.55
辽宁	99.72	70.38	68.14	2.24	29.34	0.28
吉林	99.04	67.32	66.26	1.07	31.72	0.96
黑龙江	98.03	61.15	55.29	5.86	36.88	1.97
上海	100.00	73.67	72.99	0.68	26.33	—
江苏	100.00	61.92	58.45	3.47	38.08	0.00
浙江	96.84	55.72	52.83	2.89	41.13	3.16
安徽	99.13	57.85	54.13	3.72	41.28	0.87
福建	99.71	63.58	61.61	1.97	36.13	0.29
江西	98.95	49.03	47.36	1.67	49.92	1.05
山东	100.00	58.36	53.31	5.06	41.64	—

续表

农村						
	事业费支出占比					基本建设支出占比
	合计	个人部分			公用部分	
		小计	工资福利支出	对个人和家庭的补助支出		
河南	99.55	61.45	56.64	4.81	38.10	0.45
湖北	100.00	59.49	54.69	4.80	40.51	—
湖南	98.61	53.87	48.58	5.29	44.73	1.39
广东	99.34	54.84	49.17	5.67	44.50	0.66
广西	98.05	54.15	50.05	4.10	43.90	1.95
海南	98.22	44.65	42.12	2.53	53.58	1.78
重庆	99.42	56.10	45.01	11.08	43.33	0.58
四川	97.41	57.26	48.81	8.46	40.15	2.59
贵州	99.25	73.89	65.37	8.53	25.36	0.75
云南	97.83	75.05	69.08	5.97	22.78	2.17
西藏	93.99	74.29	59.21	15.08	19.69	6.01
陕西	97.63	62.88	58.49	4.39	34.75	2.37
甘肃	99.14	69.70	65.72	3.98	29.44	0.86
青海	94.02	54.78	42.55	12.23	39.24	5.98
宁夏	98.06	49.96	43.34	6.62	48.09	1.94
新疆	97.15	81.24	69.16	12.08	15.91	2.85

二、学前教育生均财政投入结构的城乡比较

表12-6报告了学前教育生均财政投入结构的整体情况。生均财政投入采用生均一般公共预算教育事业费和基本建设支出表示，限于数据可得性，在此采用地方幼儿园数据分析。从中可知，学前教育阶段的生均财政投入重点投向个人部分，接下来是公用部分，生均基本建设支出规模较小。分地区来看，学前教育阶段的生均财政投入差距较大。例如，2021年北京市学前教育阶段的生均财政投入为40 420元，为全国最高水平；上海

次之，其学前教育阶段的生均财政投入为 27 491 元；广西、河南等地学前教育阶段的生均财政投入水平最低，分别为 4 280 元和 3 851 元。此外，各地区学前教育阶段的生均财政投入均以事业费支出为主，但投入水平差距较大。例如，北京市学前教育阶段的生均事业费为 38 541 元，其中个人部分 23 898 元、公用部分为 14 643 元；而河南省学前教育阶段的生均事业费为 3 835 元，不及北京的十分之一，其中，个人部分 2 598 元、公用部分为 1 238 元，与北京相比差距巨大。

表 12-6　2021 年学前教育生均财政投入结构（整体情况）　单位：元

	整体				
	生均财政投入	生均事业费支出			生均基本建设支出
		合计	个人部分	公用部分	
全国	9 218.84	9 040.16	5 808.29	3 231.87	178.68
北京	40 420.47	38 540.98	23 898.01	14 642.97	1 879.49
天津	24 796.17	24 674.28	16 998.35	7 675.92	121.90
河北	7 068.26	7 057.16	5 288.00	1 769.16	11.10
山西	5 663.17	5 641.05	3 570.38	2 070.68	22.12
内蒙古	14 272.33	14 000.57	8 948.31	5 052.26	271.76
辽宁	5 346.83	5 345.11	3 295.61	2 049.50	1.72
吉林	11 938.90	11 811.35	7 571.76	4 239.59	127.55
黑龙江	10 227.22	10 067.66	5 696.64	4 371.02	159.56
上海	27 490.90	27 393.68	19 210.22	8 183.47	97.22
江苏	9 471.39	9 421.48	6 584.01	2 837.47	49.92
浙江	15 110.67	14 619.38	9 402.34	5 217.04	491.29
安徽	7 885.60	7 819.97	4 511.95	3 308.02	65.63
福建	9 092.99	9 039.42	6 291.91	2 747.52	53.56
江西	9 574.56	9 491.04	4 535.22	4 955.82	83.52
山东	5 536.41	5 536.31	3 472.61	2 063.70	—
河南	3 851.11	3 835.37	2 597.69	1 237.68	15.74
湖北	8 077.78	8 077.78	4 639.40	3 438.39	—
湖南	5 057.35	4 988.53	2 825.68	2 162.85	68.82
广东	9 361.92	9 142.12	5 864.99	3 277.13	219.8
广西	4 280.40	3 992.94	2 366.57	1 626.37	287.46

续表

	整体				
	生均财政投入	生均事业费支出			生均基本建设支出
		合计	个人部分	公用部分	
海南	14 247.30	14 045.45	5 226.81	8 818.65	201.85
重庆	8 337.16	7 984.74	3 517.05	4 467.69	352.42
四川	8 268.69	8 043.28	4 356.75	3 686.53	225.41
贵州	9 054.89	8 858.88	6 382.26	2 476.61	196.01
云南	6 932.50	6 753.60	4 843.67	1 909.93	178.90
西藏	24 880.33	23 666.62	16 785.52	6 881.10	1 213.72
陕西	12 608.21	12 117.66	7 777.34	4 340.32	490.55
甘肃	9 646.97	9 549.47	6 512.28	3 037.19	97.49
青海	7 774.50	7 275.72	4 124.32	3 151.40	498.78
宁夏	10 863.23	10 746.77	3 738.65	7 008.11	116.46
新疆	11 190.43	10 812.97	8 954.24	1 858.72	377.46

表12-7和表12-8分别报告了城乡学前教育生均财政投入结构。数据表明，从全国来看，城市学前教育阶段的生均财政投入超过农村，各项支出结构也均表现为城市投入高于农村。例如，2021年城市学前教育阶段的生均财政投入为12 779元，是农村的1.8倍。其中，城市生均事业费12 532元，是农村的1.8倍；城市个人部分为7 444元，是农村的1.6倍；城市公用部分为5 088元，是农村的2.3倍；城市生均基本建设支出是247元，是农村的2.1倍。分地区来看，绝大多数地区城市学前教育阶段的生均财政投入及各项支出结构均超过农村；但从个别地区的生均基本建设支出和生均事业费支出中的个人部分来看，有的农村地区在投入方面则超过了城市。例如，西藏地区的农村学前教育阶段生均基本建设支出约为1 466元，约比城市多1 376元。其可能的原因是，这些地区农村学前教育阶段的基础设施建设相对落后，而其城市学前教育阶段的基础设施已基本完善，因而其农村的生均基本建设支出超过城市。此外，上海市农村地区的生均事业费支出中的个人部分为20 863元，约比城市多2 015元。由此

本书建议，可通过提高农村教师的工资福利待遇，激励更多优秀教师到农村地区支援学前教育事业，从而实现城乡学前教育阶段的服务均等化。

表 12-7 2021 年城市学前教育生均财政投入结构　　　　单位：元

	城市				
	生均财政投入	生均事业费支出			生均基本建设支出
		合计	个人部分	公用部分	
全国	12 779.18	12 531.91	7 444.21	5 087.70	247.27
北京	41 369.84	39 800.57	23 526.12	16 274.44	1 569.28
天津	28 703.27	28 670.48	18 457.72	10 212.76	32.787 58
河北	10 232.35	10 204.85	7 118.89	3 085.96	27.494 88
山西	7 245.24	7 245.24	4 223.07	3 022.17	—
内蒙古	14 623.18	14 290.21	8 252.59	6 037.61	332.97
辽宁	6 639.09	6 639.09	3 767.55	2 871.54	—
吉林	12 114.28	12 000.09	6 998.29	5 001.80	114.21
黑龙江	10 259.91	10 208.55	5 392.99	4 815.56	51.36
上海	27 653.60	27 540.69	18 847.95	8 692.73	—
江苏	11 346.23	11 263.66	7 533.54	3 730.12	82.57
浙江	15 421.47	15 025.54	9 363.26	5 662.28	395.93
安徽	11 797.07	11 748.53	5 666.17	6 082.36	48.55
福建	11 394.79	11 312.00	7 548.37	3 763.63	82.79
江西	11 258.21	11 227.78	4 739.85	6 487.93	30.44
山东	7 037.20	7 036.99	3 837.04	3 199.94	—
河南	7 164.29	7 157.65	4 700.37	2 457.28	6.64
湖北	12 748.92	12 748.92	6 871.01	5 877.91	—
湖南	6 316.88	6 268.43	3 203.95	3 064.49	48.45
广东	13 806.82	13 506.30	8 470.34	5 035.96	300.51
广西	7 461.95	6 568.25	3 882.77	2 685.48	893.70
海南	15 488.32	15 437.98	4 682.98	10 755.00	50.34

第十二章　城乡学前教育财政支持的现状分析

续表

城市	生均财政投入	生均事业费支出 合计	个人部分	公用部分	生均基本建设支出
重庆	9 869.56	9 309.02	3 348.12	5 960.90	560.54
四川	11 762.85	11 526.83	5 704.11	5 822.72	236.02
贵州	13 808.71	13 130.63	7 354.31	5 776.32	678.08
云南	14 434.10	14 090.69	8 549.60	5 541.09	343.41
西藏	36 844.04	36 754.32	2 2519.30	14 235.02	89.72
陕西	14 637.00	13 980.39	7 941.71	6 038.69	656.61
甘肃	12 427.22	12 335.34	7 003.18	5 332.16	91.87
青海	8 620.76	8 444.69	4 353.86	4 090.83	176.13
宁夏	15 562.81	15 562.81	3 713.23	11 849.59	—
新疆	14 491.15	13 431.18	9 479.95	3 951.23	1 059.96

表12-8　2021年农村学前教育生均财政投入结构　　　　单位：元

农村	生均财政投入	生均事业费支出 合计	个人部分	公用部分	生均基本建设支出
全国	7 012.58	6 893.85	4 662.95	2 230.91	118.73
北京	36 920.06	35 885.70	21 615.73	14 269.97	1 034.35
天津	14 037.76	13 695.69	9 132.90	4 562.79	342.07
河北	6 259.45	6 252.83	4 739.92	1 512.91	6.62
山西	5 016.91	4 986.16	3 212.15	1 774.01	30.75
内蒙古	14 068.91	13 840.62	9 242.59	4 598.03	228.29
辽宁	3 346.81	3 342.63	2 327.18	1 015.45	4.19
吉林	11 761.10	11 627.41	8 086.88	3 540.53	133.69
黑龙江	10 200.43	9 952.69	5 860.56	4 092.12	247.74
上海	26 524.10	26 524.10	20 863.00	5 661.09	—

续表

	农村				
	生均财政投入	生均事业费支出			生均基本建设支出
		合计	个人部分	公用部分	
江苏	7 156.66	7 156.32	4 892.34	2 263.98	0.34
浙江	14 635.06	14 038.86	9 504.74	4 534.11	596.21
安徽	6 624.63	6 554.32	4 084.58	2 469.74	70.31
福建	7 401.56	7 375.95	5 165.81	2 210.15	25.61
江西	8 856.00	8 749.84	4 427.25	4 322.59	106.16
山东	4 510.72	4 510.72	3 061.01	1 449.70	—
河南	2 954.88	2 936.65	2 001.53	935.11	18.24
湖北	5 185.02	5 185.02	3 030.51	2 154.50	—
湖南	4 503.29	4 427.79	2 586.05	1 841.74	75.50
广东	3 864.83	3 824.64	2 488.94	1 335.70	40.19
广西	3 329.02	3 247.11	1 860.38	1 386.72	81.92
海南	13 517.82	13 225.78	5 599.22	7 626.56	292.04
重庆	6 698.95	6 651.47	3 684.15	2 967.33	47.48
四川	6 415.98	6 211.67	3 679.04	2 532.63	204.31
贵州	7 914.73	7 840.26	6 161.72	1 678.53	74.47
云南	5 382.57	5 241.97	4 027.79	1 214.18	140.59
西藏	21 610.15	20 144.03	15 349.30	4 794.73	1 466.13
陕西	11 342.11	11 009.62	7 431.82	3 577.80	332.49
甘肃	9 044.12	8 948.96	6 303.38	2 645.58	95.16
青海	7 565.91	7 014.31	3 996.79	3 017.52	551.61
宁夏	8 179.05	7 995.65	3 776.45	4 219.20	183.40
新疆	10 574.19	10 330.69	8 862.11	1 468.58	243.50

第十三章　财政投入对城乡学前教育的影响研究

2010年以来，国家持续加大对学前教育的财政支持力度。特别是，各项政策均强调了优化财政资源配置，优先支持农村地区学前教育发展，缩小城乡学前教育差距。当前，我国城镇学前教育已全面普及，部分农村地区的适龄儿童则由于各种原因而尚未全面获得方便可及、价格可接受的高质量学前教育服务。如何提升农村学前教育的普及率？如何提高城乡学前教育的质量？这些都是下一步亟待思考和解决的重大议题。学前教育关乎千家万户的幸福和国家未来人力资本的积累，其收益的外溢性和社会投资属性决定了财政投入的使命和重要性。本章将通过实证分析，考察财政投入对学前教育普及率和学前教育质量的影响，以此探寻优化财政投入的可行思路，从而为促进学前教育高质量均衡发展、缩小城乡学前教育差距，"筑梦城乡儿童未来"提供参考。

第一节　财政投入与城乡学前教育普及率

一、数据来源

本书中所提及的财政投入以财政补助占教育经费总支出的比重来表示，其数据来源于《中国教育经费统计年鉴》；学前教育普及率以城乡学前教育毛入园率来表示，其毛入园率等于在园幼儿数与3~5岁儿童人口数

之比，在园幼儿数来源于《中国教育统计年鉴》，3~5岁儿童人口数来源于《中国人口和就业统计年鉴》。由于各省并未统计3~5岁儿童人口数，因而本书仅从全国层面进行分析；又由于2011年前的财政投入未区分城乡地区，因而本书仅采用2011—2021年全国层面的数据开展讨论。由于数据样本量有限，因而本书在分析财政投入与城乡学前教育普及率时仅采用统计方法，并未开展计量分析。

二、财政投入与城乡学前教育普及率的关系

图13-1为学前教育阶段财政投入与学前教育毛入园率的相关关系。由图13-1可知，学前教育财政投入与毛入园率呈正相关关系。经测算，学前教育财政投入与毛入园率相关系数为0.92，两者具有较强相关性。分城乡来看，城市学前教育财政投入与毛入园率的相关性不明显。其主要的原因是，城市毛入园率已经超过100%，这意味着城市适龄儿童均可获得学前教育，因而财政投入对其影响不明显，两者的相关系数（0.15）也可证实这一判断；农村学前教育财政投入与毛入园率呈明显的正相关关系，两者的相关系数为0.86。由此可见，下一步要想继续提高农村地区的毛入园率、推进农村学前教育的普惠普及，则如何进一步加大财政投入力度是极其关键和必要的。

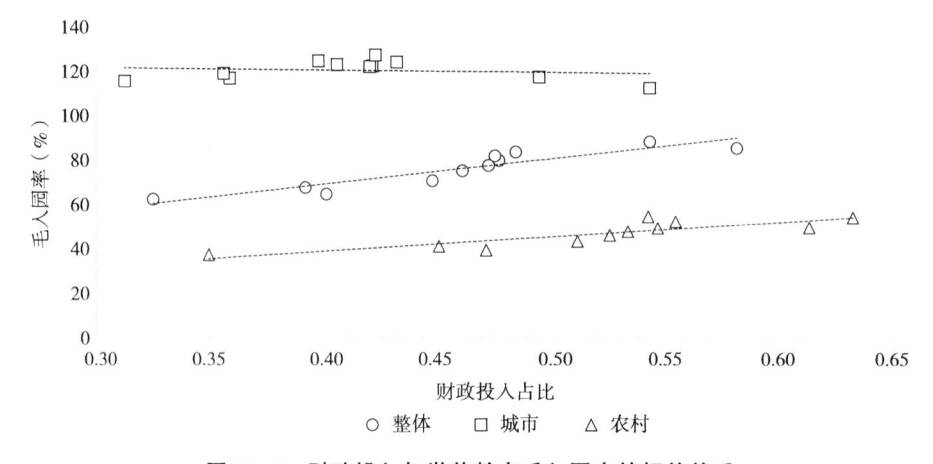

图13-1 财政投入与学前教育毛入园率的相关关系

第二节 财政投入对城乡学前教育质量的影响

一、模型设定和变量选择

本书采用固定效应模型分析财政投入对城乡学前教育质量的影响，表达形式如下：

$$Y_{i,t} = \theta_i + \delta_t + \tau X_{i,t} + \sum_{l=1}^{L} \lambda_l Z_{l,i,t} + \varepsilon_{i,t} \tag{13-1}$$

其中，$Y_{i,t}$表示学前教育质量，学前教育质量通常从背景、输入、过程、成果四个方面进行考察，涵盖物质基础、互动环境、教育活动、发展结果、园所管理等（王艺芳，2021；霍力岩 等，2022：1-18；刘鑫鑫、姜勇，2024：51-65）。结合以往研究，考虑到数据可得性，本书采用硬件设施水平和师资建设水平来表示，前者包括生均活动室面积、生均睡眠室面积、生均运动场地面积、生均图书室面积等，后者包括本科及以上学历教师占比等；$X_{i,t}$表示学前教育财政投入力度，采用学前教育财政补助占学前教育经费总支出的比重来表示；Z表示控制变量，包括经济发展水平、城镇化率、固定资产投资水平、居民收入水平、失业率、社会消费品零售额等，分别采用人均GDP、城镇人口占常住人口比重、固定资产投资增速、居民人均可支配收入、城镇登记失业率、社会消费品零售额占GDP的比重来表示；i表示第i个体，t表示第t时期；θ_i表示不随时间变化的个体固定效应，用于控制不可测个体因素影响；δ_t表示时间固定效应，用于控制和时间相关因素的影响；系数τ是学前教育财政投入力度对$Y_{i,t}$的影响效应的估计结果；λ_l是与控制变量$Z_{l,i,t}$对应的一组待仿系数；$\varepsilon_{i,t}$是误差项。所有变量的详细定义见表13-1。

表 13-1　主要变量定义和说明

变量名称		符号	说明	均值	标准差
被解释变量	生均活动室面积	$Sgact$	活动室面积/在园人数（平方米）	2.78	0.88
	生均睡眠室面积	$Sgsleep$	睡眠室面积/在园人数（平方米）	1.20	0.37
	生均运动场地面积	$Sgsport$	运动场地面积/在园人数，平方米	4.33	1.50
	生均图书室面积	$Sglibrary$	图书室面积/在园人数（平方米）	0.17	0.06
	本科及以上学历教师占比	$Eduratio$	本科及以上专任教师数/专任教师总数（人）	0.24	0.14
解释变量	学前教育财政投入力度	$Pubexp$	学前教育财政补助/学前教育经费总支出（元）	0.50	0.18
控制变量	经济发展水平	$Pergdp$	人均GDP（元）	55 671	28 772
	城镇化率	$Urban$	城镇人口/常住人口（人）	0.59	0.13
	固定资产投资水平	$Asset$	固定资产投资同比增速（%）	10.06	10.75
	全体居民收入水平	$Income$	居民人均可支配收入（元）	24 262	11 888
	失业率	$Unemploy$	城镇登记失业率（%）	3.23	0.64
	社会消费品零售额	$Consume$	社会消费品零售额/GDP（元）	0.40	0.06

为检验财政投入与城乡学前教育质量的非线性关系，从而明确财政投入的最优区间，本书采用门槛效应模型进行分析，具体表达式为：

$$Y = u + \beta'_1 XI(q < \gamma) + \beta'_2 XI(q > \gamma) + Z'\delta + \varepsilon \quad (13-2)$$

其中，q 是门槛变量，指学前教育财政投入力度，采用学前教育财政补助占学前教育经费总支出的比重表示，γ 是门槛值。$I(\cdot)$ 表示指数函数，当括号条件满足时，$I(\cdot)$ 取值为1，不满足时取值为0；u 是常数项；β'_1、β'_2、δ 是待估系数；ε 是误差项。其他变量含义同上，详见表13-1。

二、财政投入对城乡学前教育硬件设施的影响

（一）基准回归

表13-2报告了财政投入对学前教育阶段硬件设施的整体影响，以生均活动室面积、生均睡眠室面积、生均运动场地面积和生均图书室面积等表示硬件设施水平。这些数值越大，说明硬件设施水平越好。回归结果显示，财政投入对提升硬件设施水平有积极影响，且影响较为显著；其中，对生均运动场地的影响程度更大。就控制变量而言，经济越发达、城镇化率越高，则硬件设施水平越高，但其影响并不显著。

表13-2 财政投入对学前教育硬件设施的影响基准回归结果（整体）

变量	Sgact	Sgsleep	Sgsport	Sglibrary
Pubexp	0.57**	0.37***	2.09***	0.06**
	(0.26)	(0.13)	(0.53)	(0.03)
Pergdp	0.01	0.01	0.01**	0.01
	(0.01)	(0.01)	(0.01)	(0.01)
Urban	0.60	0.74	7.39**	0.34**
	(1.44)	(0.70)	(2.90)	(0.15)
Asset	0.01	0.01	-0.01	0.01
	(0.01)	(0.01)	(0.01)	(0.01)
Income	-0.01***	-0.01***	-0.01***	-0.01**
	(0.01)	(0.01)	(0.01)	(0.01)
Unemploy	-0.01	-0.03*	0.05	0.01**
	(0.03)	(0.02)	(0.07)	(0.01)
Consume	-0.25	0.14	-0.67	-0.01
	(0.32)	(0.15)	(0.64)	(0.03)

续表

变量	Sgact	Sgsleep	Sgsport	Sglibrary
Constant	4.15*** (1.47)	1.41* (0.72)	−1.80 (2.95)	−0.12 (0.16)
obs	312	312	312	285
R-squared	0.96	0.95	0.94	0.92
Area FE	YES	YES	YES	YES
Year FE	YES	YES	YES	YES

注：括号内为标准误，***、**、*分别表示1%、5%和10%水平下显著，下同。

表13-3报告了财政投入对城市学前教育阶段硬件设施的影响。结果显示，财政投入对城市学前教育阶段硬件设施水平的提升同样具有显著的正向影响，其中，对生均运动场地的影响程度更大，这与城乡整体情况的影响效应表现一致，但是财政投入对生均图书室的影响并不显著。

表13-3 财政投入对学前教育硬件设施的影响基准回归结果（城市）

变量	Sgact	Sgsleep	Sgsport	Sglibrary
Pubexp	0.59*** (0.21)	0.29*** (0.10)	0.95*** (0.36)	0.03 (0.02)
Pergdp	0.01 (0.01)	0.01 (0.01)	0.01** (0.01)	−0.01 (0.01)
Urban	−0.28 (1.40)	0.50 (0.65)	4.54* (2.34)	0.19 (0.13)
Asset	−0.01 (0.01)	−0.00 (0.01)	−0.01 (0.01)	0.01 (0.01)
Income	−0.01*** (0.01)	−0.01*** (0.01)	−0.01*** (0.01)	−0.01** (0.01)
Unemploy	−0.02 (0.03)	−0.03 (0.02)	0.03 (0.06)	0.01** (0.01)
Consume	−0.28 (0.30)	0.22 (0.14)	−0.45 (0.51)	−0.01 (0.03)

续表

变量	$Sgact$	$Sgsleep$	$Sgsport$	$Sglibrary$
$Constant$	4.89***	1.52**	0.59	0.03
	(1.42)	(0.66)	(2.38)	(0.13)
obs	312	312	312	285
$R-squared$	0.96	0.94	0.94	0.93
$Area\ FE$	YES	YES	YES	YES
$Year\ FE$	YES	YES	YES	YES

表 13-4 报告了财政投入对农村学前教育阶段硬件设施的影响。结果显示，财政投入能显著提升农村学前教育阶段的硬件设施水平，其中，对生均运动场地的影响更大，这与城市的表现一致。但是，财政投入对农村生均活动室的影响不显著，对生均睡眠室的影响与城市相近，对生均运动场地的边际影响则超过了城市。

表 13-4　财政投入对学前教育硬件设施的影响基准回归结果（农村）

变量	$Sgact$	$Sgsleep$	$Sgsport$	$Sglibrary$
$Pubexp$	0.35	0.30**	2.11**	0.07**
	(0.34)	(0.15)	(0.87)	(0.04)
$Pergdp$	0.01	0.01	0.01**	0.01
	(0.01)	(0.01)	(0.01)	(0.01)
$Urban$	-3.67	-1.10	-1.29	0.40
	(2.74)	(1.21)	(7.11)	(0.31)
$Asset$	0.01	-0.01	0.02	0.01*
	(0.01)	(0.01)	(0.02)	(0.01)
$Income$	-0.01	-0.01***	-0.01***	-0.01
	(0.01)	(0.01)	(0.01)	(0.01)
$Unemploy$	-0.02	-0.04	0.23	0.01*
	(0.07)	(0.03)	(0.17)	(0.01)
$Consume$	-0.12	0.10	-5.14***	-0.04
	(0.60)	(0.27)	(1.56)	(0.07)

续表

变量	Sgact	Sgsleep	Sgsport	Sglibrary
Constant	6.84** (2.80)	2.78** (1.24)	10.45 (7.27)	-0.25 (0.32)
obs	312	312	312	285
R-squared	0.91	0.91	0.91	0.87
Area FE	YES	YES	YES	YES
Year FE	YES	YES	YES	YES

（二）稳健检验

稳健检验从两个角度展开，一方面，考虑到2020年受新冠疫情影响，财政投入可能存在波动，故调整样本期，剔除2020年样本并重新估计。另一方面，参照蔡秀云等（2022：85-98）研究，2011年中国开始实施第一期"学前教育行动计划"，起步阶段财政投入增幅波动等可能对硬件设施水平造成不同影响，故剔除2011年样本并重新估计，结果如表13-5所示。结果显示，学前教育财政投入对硬件设施水平影响的显著性及回归系数没有明显变化，这表明回归结果具有稳健性。

表13-5 财政投入对学前教育硬件设施影响的稳健检验结果

		Sgact	Sgsleep	Sgsport	Sglibrary
剔除2020年样本	整体	0.58** (0.27)	0.36*** (0.14)	2.17*** (0.57)	0.02 (0.03)
	城市	0.44** (0.22)	0.22** (0.11)	0.65* (0.38)	0.01 (0.02)
	农村	0.41 (0.33)	0.34** (0.14)	2.07** (0.90)	0.03 (0.03)
剔除2011年样本	整体	0.75*** (0.28)	0.41*** (0.13)	2.33*** (0.55)	0.05* (0.03)
	城市	0.66*** (0.22)	0.28*** (0.10)	0.86** (0.36)	0.03* (0.02)
	农村	0.64 (0.42)	0.50*** (0.18)	3.35*** (1.03)	0.09** (0.05)

注：控制变量回归结果与基准回归一致，限于篇幅，在此未予列出。

（三）门槛效应回归

为检验财政投入与学前教育硬件设施之间是否存在非线性关系，本书采用门槛效应模型进行分析，门槛因素为财政投入力度。经检验，生均活动室和生均睡眠室均存在单门槛效应，具体回归结果如表13-6所示，而生均图书室和生均运动场地均不存在门槛效应，因此未列出结果。

由回归结果可知，对于生均活动室而言，当财政投入占学前教育经费比例低于75%时，则财政投入每提高1%，生均活动室面积增长0.36平方米，且在5%的显著性水平上显著；当财政投入占学前教育经费比例超过75%时，则财政投入每提高1%，生均活动室面积增长8.54平方米，且在1%的显著性水平上显著。这说明，不同财政投入规模下的财政投入对生均活动室的影响不同，学前教育阶段的财政投入力度越大，则对该阶段生均活动室的改善效果越好。

对于生均睡眠室而言，当财政投入占学前教育经费比例低于72%时，则财政投入对生均睡眠室面积增加没有显著影响；只有当财政投入占学前教育经费比例超过72%时，财政投入对生均睡眠室面积的影响才比较显著，且财政投入每提高1%，生均睡眠室的面积增长0.94平方米，且在5%的显著性水平上显著。这就意味着，不能仅关注财政是否投入，而是还要注重财政投入的力度，即只有满足一定条件的财政投入才能发挥提高硬件设施水平的作用；过低的财政投入虽然有投入但却实现不了预期的效果，并且容易造成资金的浪费。这需要引起我们的重视和思考，只有确保财政投入在合理区间内，才能优化资源配置，实现预期目标。

表13-6 财政投入对学前教育硬件设施影响的门槛效应回归结果

变量	*Sgact*		*Sgsleep*	
	pubexp≤0.75	*pubexp*>0.75	*pubexp*≤0.72	*pubexp*>0.72
pubexp	0.36** [0.10, 0.61]	8.54*** [6.46, 10.61]	−0.05 [−0.28, 0.23]	0.94** [−0.80, 2.88]

续表

变量	$Sgact$		$Sgsleep$	
	$pubexp \leq 0.75$	$pubexp > 0.75$	$pubexp \leq 0.72$	$pubexp > 0.72$
$Constant$	0.02 [-0.72, 0.76]	-9.29*** [-12.51, -6.07]	0.14 [-0.32, 0.60]	-0.45 [-2.03, 1.91]
控制变量	YES			
年份固定效应	YES			
obs	312		312	
R^2	0.84		0.60	

注：括号内为95%置信区间的最小值和最大值。生均图书室和生均运动场地不存在门槛效应，故结果未在此列出。

三、财政投入对城乡学前教育师资建设的影响

（一）基准回归

在师资建设方面，本书采用本科及以上专任教师数占专任教师总数的比重来表示。这一比例越高，说明高学历师资占比越多，即师资建设水平越好，具体归结果如表13-7所示。由回归结果可知，财政投入有助于提高高学历师资占比，从而提升师资建设水平；特别是，对农村而言，财政投入对其师资建设的影响超过城市。

表13-7 财政投入对城乡学前教育师资建设影响的基准回归结果

变量	整体	城市	农村
	$Eduratio$	$Eduratio$	$Eduratio$
$Pubexp$	0.10*** (0.04)	0.08** (0.03)	0.09*** (0.03)
$Pergdp$	-0.01 (0.01)	0.01 (0.01)	0.01 (0.01)
$Urban$	0.72*** (0.21)	0.58*** (0.22)	0.41 (0.27)

续表

变量	整体	城市	农村
	$Eduratio$	$Eduratio$	$Eduratio$
$Asset$	-0.01 (0.01)	-0.01 (0.01)	-0.01 (0.01)
$Income$	0.01*** (0.01)	0.01*** (0.01)	0.01* (0.01)
$Unemploy$	0.01* (0.01)	0.01* (0.01)	0.01** (0.01)
$Consume$	-0.06 (0.05)	-0.02 (0.05)	-0.01 (0.06)
$Constant$	-0.45** (0.21)	-0.28 (0.23)	-0.10 (0.27)
obs	312	289	289
$R\text{-}squared$	0.97	0.97	0.95
Area FE	YES	YES	YES
Year FE	YES	YES	YES

（二）稳健检验

参照硬件设施的稳健检验，一方面，分别剔除2020年样本、2011年样本重新估计方程；另一方面，替换被解释变量，采用高中及以上专任教师数占专任教师总数的比重替代本科及以上专任教师数占专任教师总数的比重，重新回归方程，检验结果如表13-8所示。结果显示，学前教育财政投入对师资建设水平影响的显著性及回归系数没有明显变化，这说明回归结果稳健。

表13-8 财政投入对城乡学前教育师资建设影响的稳健检验结果

	剔除2020年样本	剔除2011年样本	替换被解释变量
整体	0.14*** (0.04)	0.10*** (0.04)	0.01* (0.01)

续表

	剔除2020年样本	剔除2011年样本	替换被解释变量
城市	0.09*** (0.03)	0.08** (0.03)	0.02*** (0.01)
农村	0.10*** (0.03)	0.13*** (0.04)	0.03*** (0.01)

注：控制变量回归结果与基准回归一致，限于篇幅，在此未予列出。

（三）门槛效应回归

表13-9报告了财政投入对城乡学前教育师资建设影响的门槛效应回归结果。结果显示，财政投入对学前教育师资的影响存在单门槛效应。当财政投入占学前教育经费低于和高于69%时，财政投入对师资建设的影响存在差异；当财政投入占学前教育经费高于69%时，财政投入对师资建设的影响程度更大，财政资金所发挥的作用和效果更好。

表13-9　财政投入对城乡学前教育师资建设影响的门槛效应回归结果

变量	$Eduratio$	
	$pubexp \leq 0.69$	$pubexp > 0.69$
$pubexp$	0.43*** [0.37, 0.48]	0.76*** [0.53, 1.00]
$Constant$	−0.08 [−0.21, 0.05]	−1.04*** [−1.33, −0.76]
控制变量	YES	
年份固定效应	YES	
obs	312	
R^2	0.80	

注：括号内为95%置信区间的最小值和最大值。

四、结果讨论

本章主要分析了财政投入对城乡学前教育的影响。

第十三章 财政投入对城乡学前教育的影响研究

一方面，本章分析了财政投入与学前教育普及率的关系。结果显示，财政投入与学前教育毛入园率的相关系数为 0.92，即财政投入越多，则学前教育毛入园率越高，两者具有较强相关性。在农村地区，财政投入与学前教育毛入园率的正相关关系更明显；但是在城市地区，两者相关性则不强。其主要的原因是，自 2011 年以来我国城市地区已经实现学前教育普及，因而财政投入的变动并未明显改变其学前教育入园率。

另一方面，本章基于 2011—2021 年省级面板数据，采用固定效应模型和门槛效应模型分析了财政投入对学前教育质量的影响，学前教育质量包括硬件设施和师资建设水平。回归结果显示，财政投入能显著增加生均活动室面积、生均睡眠室面积、生均运动场地面积、生均图书室面积，提高本科及以上专任教师的占比，即财政投入有助于提高学前教育硬件设施水平和师资建设水平。其中，财政投入对城市地区学前教育阶段的生均活动室影响更大，但对农村地区的影响并不明显；从财政投入对生均睡眠室的影响看，城乡相差不多；相比城市地区，财政投入对农村学前教育阶段的生均运动场地影响更大；财政投入对农村学前教育阶段的生均图书室影响更大，但对城市地区的影响并不显著。同时，本章还采用调整样本期和替换被解释变量的方式开展稳健性检验，结果表明回归结果具有稳健性。

在此基础上，本章通过门槛效应回归结果发现，财政投入与学前教育质量存在单门槛效应，当财政投入占学前教育经费的 75% 以上时，财政投入对生均活动室的影响更大；低于 75% 时，财政投入有影响但边际影响较小。当财政投入占学前教育经费的 72% 以上时，其对生均睡眠室的影响更大；低于 72% 时，财政投入对生均睡眠室没有显著影响。从师资影响来看，财政投入能显著增加本科及以上专任教师的占比，其中，对农村地区的师资影响更大。门槛效应回归发现，当财政投入在学前教育阶段经费中的占比低于 69% 时，其对本科及以上专任教师的占比有显著的正向影响，但影响较小；当财政投入占学前教育经费超过 69% 时，其对本科及以上专任教师占比的影响效应较为明显。

第十四章　完善城乡学前教育体系的相关建议

第一节　主要研究发现

儿童的发展关系着国家的未来和民族的命运，投资学前教育是促进人力资本积累、提升国家整体竞争力的重要途径。然而，受城乡二元结构的长期影响，我国城乡之间的学前教育体系发展差距巨大，这对实现起点公平和协同发展极为不利。实践中，城乡学前教育究竟存在哪些差距？哪些因素会影响城乡儿童获得学前教育的机会？学前教育经历在儿童的成长发展中发挥了哪些作用，又是通过何种途径影响儿童发展的？不同儿童受到的影响是否存在差异？如何优化财政投入，推动城乡学前教育更大程度上的普惠可及，实现高质量发展？

就这些问题进行研究，对进一步科学普及城乡学前教育、有针对性地提升学前教育质量，进而更高效地促进儿童发展意义重大。为此，本书基于2001—2021年的省级面板数据和CFPS微观数据，在系统梳理城乡学前教育发展差距的基础上，分析城乡儿童获得学前教育机会的影响因素，并重点就学前教育对城乡义务教育阶段儿童学业发展、社交能力和身心健康的影响及其作用机制展开讨论，同时考察财政投入对学前教育的影响。以下为本书的几点主要研究发现。

第一，城乡学前教育在园所规模、硬件设施、师资力量等方面都存在较大差距，城乡儿童在获得学前教育和未来在学表现等方面也存在很大不同。园所规模方面，就全国范围而言幼儿园规模呈逐年扩张趋势，其中，东部地区发展最快，且城镇地区的幼儿园数量和在园儿童数量均超过农村地区。硬件设施方面，从全国范围来看活动室、睡眠室、运动场地、保健室、图书室及图书拥有量等硬件设施条件正在逐年改善，城乡差距在逐步缩小之中。师资力量方面，从全国范围来看，幼儿园的师资数量有明显增加，师资素质有很大改善，但农村幼师仍存在较大缺口，其专业素质也普遍落后于城镇幼师。从儿童学前教育的获得情况及其未来在学表现看，适龄儿童获得学前教育的人数逐年增加，入园率不断提升；城镇适龄儿童已实现了学前教育普及，但农村儿童尚未实现学前教育全覆盖。此外，在学儿童学业成绩逐年向好，且农村儿童学业成绩的提高更加明显，但是其社交能力和健康水平有整体下滑趋势，需要引起重视；城镇儿童社交能力和健康水平的下降幅度则均超过农村儿童。

第二，孩子年龄、父母文化程度、家庭经济能力和家庭教育观念等是影响儿童获得学前教育的重要因素。孩子年龄越大、父母文化程度越高、家庭收入水平越高、家庭对教育重视程度越高，则孩子获得学前教育的机会越大。此外，城镇儿童、汉族儿童在获得学前教育的机会上具有明显优势；同时，对于已经入园的儿童来说，少数民族儿童和家校距离较远儿童的在园时间更长。

第三，学前教育有助于提升城乡儿童学业发展、社交能力和身心健康。学业方面，学前教育能显著提升儿童学业表现，且对农村小学阶段儿童的影响更显著；此外，获得过学前教育的儿童担任班干部和就读重点班的概率更大。社交方面，学前教育能显著促进儿童的社交能力、交友能力和对外交往能力。健康方面，学前教育有助于改善儿童的身心健康，且对城镇儿童的作用更为明显。从控制变量来看，孩子年龄、孩子性别、父母文化程度、家庭收入水平、学校质量和课外辅导等均对儿童的早期发展有显著影响。特别是，父母文化程度对儿童早期发展的外溢效应较高，学校质量则在儿童学业、社交和健康等方面均会产生重要影响。

第四，学前教育通过培养家长的科学育儿态度、培养孩子的良好行为习惯、带动家庭教育参与、树立家庭教育期望等，对儿童早期学业、社交和健康表现产生积极影响。学业方面，学前教育可通过培养孩子的良好行为习惯、带动家庭教育参与、让家长对孩子有更高教育期望等途径提高孩子的学业成绩。社交方面，学前教育可通过培养家长的科学育儿态度、带动家庭教育参与、促进家长提高对孩子的教育期望以及激发孩子对自己树立更高的教育期望等途径提升儿童的社交能力。健康方面，学前教育经历可通过改善家长育儿态度、带动家庭教育参与等途径促进孩子健康水平的提升。

第五，学前教育对不同地区和不同经济能力家庭、不同民族家庭和留守/非留守儿童的早期发展的影响存在显著差异。学业方面，学前教育对中西部地区儿童、高收入家庭儿童、汉族儿童和留守儿童的学业成绩的影响更大。社交方面，学前教育对东部地区儿童、高收入家庭儿童、汉族儿童和非留守儿童的社交能力的提升效果更好。健康方面，学前教育对东部地区儿童、低收入家庭儿童、汉族儿童、非留守儿童的身心健康均有较好的改善效果。

第六，学前教育阶段的财政投入力度尚显不足，特别是，农村地区还需进一步加大生均财政投入。相比其他教育阶段，当前学前教育阶段的财政投入力度显得不足，主要体现在以下三个方面。一是从财政投入在各教育阶段的分布来看，普通高等学校和义务教育财政投入占比均超过20.00%，普通高中的财政投入占比为11.34%，而学前教育财政投入仅6.57%。二是学前教育经费中的政府分担比例最低，义务教育经费中的政府分担比例为90%左右，而学前教育经费中的政府分担比例仅为54.29%，虽然该比例已经高于家庭负担比例，但相比其他教育阶段而言，政府分担比例还有待进一步加强。三是从生均财政投入来看，学前教育阶段的生均财政投入最低，与其他教育阶段的生均财政投入相比差距较大。

同时，虽然学前教育财政投入逐年增长，但城市学前教育的生均财政投入远高于农村。从学前教育经费分担比例来看，农村学前教育的政府分担比例高于城市,这说明财政政策已实现向农村倾斜的目标要求。分地区来看,北京、上海等发达地区的城市学前教育财政投入超过农村,广西、贵州、甘肃、新疆等欠发达地区对农村学前教育阶段的财政投入则已经超过城市。但从生均财政投入来看,各地区城市学前教育阶段的生均财政投入普遍高于农村。

此外,从学前教育财政投入结构来看,财政资金的重点投入方向是学前教育阶段中的事业费,其占比超过98%,基本建设支出则占比较低。这说明城乡学前教育阶段的基础设施建设已较为完善,因而大部分财政支出主要用于师资工资福利支出和正常运转所需的公用经费。从城乡角度来看,农村地区学前教育阶段的财政投入用于支持师资工资福利的比重更高,同时期投入公用经费的比重也相对更少。

第七,财政投入对提高学前教育普及率、提升学前教育质量具有积极作用(本书采用毛入园率来反映学前教育普及率)。具体而言,财政投入与学前教育毛入园率有较强相关性,特别是,加大对农村地区的财政投入有助于提高其学前教育毛入园率。此外,财政投入能显著改善学前教育阶段的硬件设施水平和师资建设水平,对生均活动室、睡眠室、运动场地、图书室面积等硬件设施的改善效果明显,对提高本科及以上学历师资的占比也有较强激励效果。通过门槛效应回归结果发现,财政投入力度越大,则其对学前教育硬件设施和师资建设的激励效果越好。

第二节 相关建议

综合本书的主要研究发现和以往的经验积累,笔者认为,为更好促进城乡儿童早期发展,缩小城乡差距,需要重视以下几点。

第一,多措并举完善城乡学前教育硬件设施和师资水平,确保城乡学前教育在办学条件、师资保障等方面均等化发展,同时关心关爱儿童的综合发展,警惕儿童社交能力和健康水平下滑的问题。一是加大财政资金持续稳定投入，优先用于改善落后地区的学前教育的硬件设施水平。二是提高师资工资待遇和各项福利保障制度，如提供住房补贴、交通补贴、通信补贴等，以吸引更多优秀人才从事学前教育事业；特别是，应激励更多优秀的教师深入农村地区，补齐农村学前教育中的师资短板；同时，应加强师资培训，强化终身学习的理念，不断提升师资技能水平，加强师资挂职锻炼和互动交流的机会，以全面推动学前教育师资队伍建设。三是建立规范科学的学前教育课程体系，健全各年龄段的成长指南，注重儿童社交能力和健康习惯的培养，通过互动沟通、角色扮演和体育锻炼等方式，切实提高适龄儿童的社交能力和健康水平。

第二，进一步科学普及学前教育，确保偏远农村地区和民族地区的儿童"有园可上"。一是要强化学前教育对儿童未来发展的重要性认识，特别是对贫困落后地区、民族地区、父母文化程度不高的家庭，要大力倡导普及学前教育的重要性，让更多适龄儿童尽早参与学前教育，从而改变命运，阻断贫困的代际传递。二是要加强基层政府的组织引导，加快落实普及学前教育的行动计划和实施方案；特别是，要确保偏远农村地区和少数民族聚集区的儿童享有平等受教育机会，实现起点公平。

第三，提升学前教育质量，鼓励学校教育和家庭教育深度融合，合力促进儿童早期发展能力全面提升。一是学前教育机构要开展更多的亲子互动活动，使家长更多参与学生教育，使家庭教育与学校教育相配合，这样才能更高质量地提升孩子的学业表现、社交能力和健康水平。二是学前教育机构要注重培养孩子的行为习惯，良好的行为习惯能够更持久、更高效地促进儿童早期发展。三是家长要建立科学的育儿态度，更多鼓励、和气交流、耐心讨论，从而给孩子传递更多正能量和积极的工作生活态度，提高孩子的综合素养。四是要鼓励家长和孩子树立远大的教育理想，给孩子以明确的努力方向和更大的奋斗动力，以有助于孩子在学业成绩、自信心和交际能力等方面有全面进步。

第四，推行弱势地区和弱势家庭的学前教育补偿机制，促进教育起点公平。一是要优化学前教育资源分配体系，优惠政策要向弱势地区和弱势家庭的儿童倾斜，以保障教育机会公平性。例如，美国公立幼儿园的"弱势补偿"方案要求，公立幼儿园应重点面向处境不利的儿童，在有空额时才考虑非处境不利的儿童。二是要制订弱势家庭补偿方案。例如，英国自布莱尔政府执政以来，大力推行"家庭支持政策"，通过为家长提供科学育儿课程，专业教师家访指导科学育儿，支持家长参与学校教育，为处境不利儿童及其家庭提供亲子互动、健康问诊、心理咨询等整合性服务，以及出台减税优惠支持家庭支付保教费用等措施，在学前教育体系建设和儿童发展等方面起到了积极效果。当前，我国的低收入家庭儿童、少数民族儿童和留守儿童在学前教育资源获取和家庭教育等方面仍处于比较不利的地位。对此，可以通过试点形式推行弱势家庭补偿政策，由学校专业教师带动文化程度较低的家长，使之以科学的方式参与孩子的学前教育；同时，以定向补贴或减税的形式鼓励家长重视学前教育，从而使弱势儿童摆脱不利处境。

第五，加大财政投入力度，提高农村生均财政投入水平。一是加大公共财政对学前教育的投入力度。特别是，注意提高农村地区的学前教育财政投入，除加大整体投入规模外还应考虑在园儿童数量，以提高农村地区的生均财政投入水平。二是明确中央和地方在学前教育投入方面的主体责任，在人员工资和设施建设上做好责任分工。同时，中央财政要加大对贫困地区的转移支付力度，以保障各地区学前教育经费的充足性，从而弥补农村地区在硬件设施建设和师资力量等方面的不足。三是引入多元化的社会资本投入学前教育，在办学资源和师资方面加强公立幼儿园和民办幼儿园的合作交流；充分利用民办幼儿园的社会资本和公立幼儿园的师资力量，以促进二者的协同发展；建立健全对公立幼儿园和民办幼儿园的考核评估、监管办法和奖惩机制等配套政策。

第六，科学测算学前教育财政投入的最优区间，加强财政资金绩效管理，以实现有限财政资源的最优化配置。一是综合考虑各地区适龄儿童数量、教育成本、地区经济发展水平、地方政府财政能力以及地区教育政策目标等，构建优化模型，测算学前教育财政投入的最优区间，经财政部门、教育部门、专家学者和适龄儿童家庭论证后确定科学的财政投入标准。二是加强全流程跟踪监督和全方位监管，规范资金使用流程，建立绩效评价指标体系并开展定期绩效评价工作，并将绩效评价结果向社会公开，将绩效评价结果与下一年财政支持挂钩。三是健全终身问责制度和惩罚力度，切实提高学前教育阶段财政投入的效率和效益。

参考文献

［1］崔宝琛．家庭社会经济地位、亲子关系与欠发达地区农村留守儿童积极发展：基于两省两校农村儿童调查数据的研究［J］．人口与发展，2023，29（4）：2-19．

［2］MELHUISH E. The impact of early childhood education and care on improved wellbeing［M］．"If you could do one thing..." Nine local actions to reduce health inequalities. London：British Academy，2014：33-43．

［3］赵鑫，傅安国．中国乡村儿童认知发展：特征、影响因素以及干预对策［J］．首都师范大学学报（社会科学版），2023（1）：149-159．

［4］李静，李锦，黄琼仪，等．西南民族地区村落学前儿童发展现状调查研究：基于白、傣、羌、壮四个民族的实证分析［J］．西南大学学报（社会科学版），2020，46（2）：71-84．

［5］刘承芳．从"幼有所育"迈向"幼有优育"，推动农村学前教育高质量发展［J］．华中农业大学学报（社会科学版），2024（4）：164-165．

［6］蒙泽察，郝文武，洪松松，等．教育对精准扶贫的重要作用：西北连片特困地区农村经济与教育发展关系的实证分析［J］．华东师范大学学报（教育科学版），2020，38（12）：109-120．

［7］林迪珊，张兴祥，陈毓虹．公共教育投资是否有助于缓解人口贫困：基于跨国面板数据的实证检验［J］．财贸经济，2016（8）：34-49．

［8］程秀兰，张永琴，白洁，等．中国式现代化背景下西部农村学前教育高质量发展的困境与纾解［J］．学前教育研究，2024（6）：1-13．

［9］加里·贝克尔．人力资本：原书第3版［M］．陈耿宣，译．北京：机械工业出版社，2016．

［10］安体富，任强．公共服务均等化：理论，问题与对策［J］．财贸经济，2007（8）：48-53．

［11］李玲，宋乃庆，龚春燕，等．城乡教育一体化：理论、指标与测算［J］．教育研究，2012，33（2）：41-48．

［12］李伟．反贫困与中国儿童发展［M］．北京：中国发展出版社，2018．

［13］杨秋宝．2020：中国消除农村贫困［M］．北京：人民出版社，2018．

［14］BARTIK T J. From preschool to prosperity: The economic payoff to early childhood education［M］. Kalamazoo, MI: W. E. Upjohn Institute, 2014.

［15］MAGNUSON K. Reducing the effects of poverty through early childhood interventions［J］. Fast focus, 2013（17）: 1-6.

［16］ELLIS B J, JACKSON J J, BOYCE W T. The stress response systems: universality and adaptive individual differences［J］. Developmental review, 2006, 26（2）: 175-212.

［17］邬健冰．中国的儿童早期发展与教育：打破贫穷的代际传递与改善未来竞争力［R］．北京：世界银行东亚及太平洋地区人类发展部和国家人口计生委培训交流中心，2011．

［18］HECKMAN J J. Skill formation and the economics of investing in disadvantaged children［J］. Science, 2006, 312（5782）: 1900-1902.

［19］CARNEIRO P, HECKMAN J J. Human capital policy［R］. Bonn: Institute for the Study of Labor（IZA）, 2003.

［20］陈欢．经合组织：幼儿应发展早期计算思维［J］．人民教育，2022（17）：20-21．

［21］陈纯槿，柳倩．学前教育对学生15岁时学业成就的影响：基于

国际学生评估项目上海调查数据的准实验研究[J].学前教育研究,2017(1):3-12.

[22] 罗仁福,张林秀,刘承芳,等.贫困农村儿童的能力发展状况及其影响因素[J].学前教育研究,2010(4):17-22.

[23] 魏东霞,谌新民.落户门槛、技能偏向与儿童留守:基于2014年全国流动人口监测数据的实证研究[J].经济学(季刊),2018,17(2):549-578.

[24] 吕利丹,梅自颖,李睿,等.中国农村留守儿童的最新状况和变动趋势:2010—2020[J].人口研究,2024,48(1):103-117.

[25] 傅小兰,张侃,陈雪峰,等.中国国民心理健康发展报告(2019-2020)[M].北京:社会科学文献出版社,2021.

[26] 李梦龙,任玉嘉,蒋芬.中国农村留守儿童社交焦虑状况的meta分析[J].中国心理卫生杂志,2019,33(11):839-844.

[27] 胡枫,李善同.父母外出务工对农村留守儿童教育的影响:基于5城市农民工调查的实证分析[J].管理世界,2009(2):67-74.

[28] 陶然,周敏慧.父母外出务工与农村留守儿童学习成绩:基于安徽、江西两省调查实证分析的新发现与政策含义[J].管理世界,2012(8):68-77.

[29] 徐晓新,张秀兰.将家庭视角纳入公共政策:基于流动儿童义务教育政策演进的分析[J].中国社会科学,2016(6):151-169.

[30] 段成荣,吕利丹,王宗萍.城市化背景下农村留守儿童的家庭教育与学校教育[J].北京大学教育评论,2014,12(3):13-29.

[31] 邓锁,吴玉玲.社会保护与儿童优先的可持续反贫困路径分析[J].浙江工商大学学报,2020(6):138-148.

[32] 张佳慧,辛涛,陈学峰.4~5岁儿童认知发展:适龄入园的积极影响[J].心理发展与教育,2011(4):475-483.

[33] RAO N. Preschool quality and the development of children from

economically disadvantaged families in India [J]. Early education and development, 2010, 21 (2): 167-185.

[34] HORGAN G. The impact of poverty on young children's experience of school [R]. York: Joseph Rowntree Foundation, 2007.

[35] LI K, PAN Y, HU B, et al. Early childhood education quality and child outcomes in China: evidence from Zhejiang Province [J]. Early childhood research quarterly, 2016, 36: 427-438.

[36] 庞维国, 徐晓波, 林立甲, 等. 家庭社会经济地位与中学生学业成绩的关系研究 [J]. 全球教育展望, 2013, 42 (2): 12-21.

[37] 武丽丽, 张大均, 程刚, 等. 家庭社会经济地位对小学生学业成绩的影响: 心理素质全局因子的中介作用 [J]. 西南大学学报（自然科学版）, 2018, 40 (6): 56-62.

[38] 杨钋. 经济不平等时代的校外教育参与 [J]. 华东师范大学学报（教育科学版）, 2020, 38 (5): 63-77.

[39] ENTWISLE D R, ALEXANDER K L. A parent's economic shadow: family structure versus family resources as influences on early school achievement [J]. Journal of marriage and family, 1995, 57 (2): 399-409.

[40] THOMSON E, HANSON T L, MCLANAHAN S S. Family struture and child wellbeing: economic resources vs parental behaviors [J]. Social forces, 1994, 73 (1): 211-242.

[41] 薛海平, 王东, 巫锡炜. 课外补习对义务教育留守儿童学业成绩的影响研究 [J]. 北京大学教育评论, 2014, 12 (3): 50-62.

[42] DUNCAN G J, MAGNUSON K, VOTRUBA-DRZAL E. Boosting family income to promote child development [J]. The future of children, 2014, 24 (1): 99-120.

[43] LEE J, BOWEN N K. Parent involvement, cultural capital, and the achievement gap among elementary school children [J]. American educational

research journal, 2006, 43（2）：193-218.

［44］张云运，骆方，陶沙，等. 家庭社会经济地位与父母教育投资对流动儿童学业成就的影响［J］. 心理科学，2015，38（1）：19-26.

［45］HILL N E, TYSON D F. Parental involvement in middle school：a meta–analytic assessment of the strategies that promote achievement ［J］. Developmental psychology, 2009, 45（3）：740-763.

［46］ROBLES V F, OROPESA R S. International migration and the education of children：Evidence from Lima, Peru ［J］. Population research and policy review, 2011, 30（4）：591-618.

［47］郑磊，吴映雄. 劳动力迁移对农村留守儿童教育发展的影响：来自西部农村地区调查的证据［J］. 北京师范大学学报（社会科学版），2014（2）：139-146.

［48］吴愈晓，王鹏，杜思佳. 变迁中的中国家庭结构与青少年发展［J］. 中国社会科学，2018，2：98-120.

［49］梁文艳，杜育红. 农村地区家庭社会资本与学生学业成就：中国城镇化背景下西部农村小学的经验研究［J］. 清华大学教育研究，2012，33（6）：67-77.

［50］肖莉娜. "爱而不亲"：留守儿童的亲子关系体验与建构［J］. 华东师范大学学报（哲学社会科学版），2022，54（1）：108-117.

［51］DOEPKE M, ZILIBOTTI F. Love, money, and parenting：how economics explains the way we raise our kids ［M］. Princeton：Princeton University Press, 2019.

［52］AGUILERA-GUZMAN R M, de SNYDER V N, ROMERO M, et al. Paternal absence and international migration：stressors and compensators associated with the mental health of Mexican teenagers of rural origin ［J］. Adolescence, 2004, 39（156）：711-723.

［53］田丰，静永超. 工之子恒为工？：中国城市社会流动与家庭教养

方式的阶层分化［J］.社会学研究，2018，33（6）：83-101.

［54］CUNNINGHAM D D. Relating preschool quality to children's literacy development［J］. Early childhood education journal，2010，37（6）：501-507.

［55］赵必华.影响学生学业成绩的家庭与学校因素分析［J］.教育研究，2013（3）：88-97.

［56］卢珂，杜育红.农村学校布局调整对学生成绩的影响：基于两水平增值模型的分析［J］.清华大学教育研究，2010，31（6）：64-73.

［57］张贵生，诸爱峰，刘精明.课外益智活动对学前儿童认知发展的影响［J］.社会学评论，2024，12（2）：64-86.

［58］安秋玲，王小慧，倪梦迪.流动儿童的学校生活与学业成绩的关系：学习态度和学习目标的中介作用［J］.中国特殊教育，2018（6）：66-70.

［59］李忠路，邱泽奇.家庭背景如何影响儿童学业成就？：义务教育阶段家庭社会经济地位影响差异分析［J］.社会学研究，2016，31（4）：121-144.

［60］孙芳萍，陈传锋.学业情绪与学业成绩的关系及其影响因素研究［J］.心理科学，2010，33（1）：204-206.

［61］董妍，俞国良.青少年学业情绪对学业成就的影响［J］.心理科学，2010，33（4）：934-937，945.

［62］温煦，张莹，周鲁，等.体质健康对青少年学业成绩影响及其作用机制：来自纵向研究的证据［J］.北京体育大学学报，2018，41（7）：70-76.

［63］李强，臧文斌.父母外出对留守儿童健康的影响［J］.经济学（季刊），2010，10（1）：341-360.

［64］李波.父母参与对子女发展的影响：基于学业成绩和非认知能力的视角［J］.教育与经济，2018（3）：54-64.

[65] 刘焱. 学前一年纳入义务教育的条件保障研究［M］. 北京：北京师范大学出版社，2014.

［66］吴贾，吴莞生，李标. 早期健康投入是否有助于儿童长期认知能力提升？［J］. 经济学（季刊），2021（1）：157-180.

［67］CORNELISSEN T，DUSTMANN C，RAUTE A，et al. Who benefits from universal child care？：Estimating marginal returns to early child care attendance［J］. The journal of political economy，2018，126（6）：2356-2409.

［68］BECKER G S. Human capital：a theoretical and empirical analysis，with special reference to education［M］. New York：National Bureau of Economic Research，1964.

［69］薛远康，吴恩慈，胡耀宗. 认知能力的代际流动性：学前教育的作用［J］. 学前教育研究，2023（11）：55-72.

［70］CUNHA F，HECKMAN J J，LOCHNER L，et al. Interpreting the evidence on life cycle skill formation［M］. Cambridge：National Bureau of Economic Research，Inc，2005.

［71］ELANGO S，GARCÍA J L，HECKMAN J J，et al. Early childhood education［M］. Economics of means-tested transfer programs in the United States. Chicago：University of Chicago Press，2015：235-297.

［72］WALKER S P，WACHS T D，GRANTHAM-MCGREGOR S，et al. Inequality in early childhood：risk and protective factors for early child development［J］. Lancet，2011，378（9799）：1325-1338.

［73］CURRIE J，ALMOND D. Human capital development before age five［M］. Handbook of labor economics. Amsterdam：Elsevier，2011：1315-1486.

［74］CAMPBELL F，RAMEY C，PUNGELLO E，et al. Early childhood education：Young adult outcomes from the Abecedarian Project［J］. Applied developmental science，2002，6（1）：42-57.

［75］NATIONAL I O C H. The relation of child care to cognitive and language development [J]. Child development, 2000, 71 (4): 960-980.

[76] GRAY-LOBE G, PATHAK P A, WALTERS C R. The long-term effects of universal preschool in Boston [J]. The quarterly journal of economics, 2023, 138 (1): 363-411.

[77] HECKMAN J, PINTO R, SAVELYEV P. Understanding the mechanisms through which an influential early childhood program boosted adult outcomes [J]. American economic review, 2013, 103 (6): 2052-2086.

[78] BAILEY M J, SUN S, TIMPE B. Prep School for poor kids: the long-run impacts of Head Start on human capital and economic self-sufficiency [J]. American economic review, 2021, 111 (12): 3963-4001.

[79] 吴贾, 张宇霞, 楚鹏飞. 幼儿园增建与儿童认知能力发展: 理论模型与经验证据 [J]. 经济学 (季刊), 2024, 24 (4): 1325-1342.

[80] BARR A, GIBBS C R. Breaking the cycle? Intergenerational effects of an antipoverty program in early childhood [J]. The journal of political economy, 2022, 130 (12): 3253-3285.

[81] 赵丽秋, 李莉. 学前教育对儿童认知与非认知发展的影响: 来自中国学前教育普及项目的证据 [J]. 经济学 (季刊), 2024, 24 (3): 709-724.

[82] NATIONAL I O C H. Predicting individual differences in attention, memory, and planning in first graders from experiences at home, child care, and school [J]. Developmental psychology, 2005, 41 (1): 99-114.

[83] LIN M, WANG Q. Center-based childcare expansion and grandparents' employment and well-being [J]. Social science & medicine, 2019, 240: 112547.

[84] BURCHINAL M, ROBERTS J E, ZEISEL S A, et al. Social risk and protective child, parenting, and child care factors in early elementary school years [J]. Parenting: science and practice, 2006, 6: 79-113.

[85] BROOKS-GUNN J. Do you believe in magic? What we can expect from early childhood intervention programs [J]. Social policy report, 2003, 17 (1): 3-16.

[86] YOSHIKAWA H. Long-term effects of early childhood programs on social outcomes and delinquency [J]. The future of children, 1995, 5 (3): 51-75.

[87] HAYES N. The role of early childhood care and education-an anti-poverty perspective: paper commissioned by Combat Poverty Agency [M]. Dublin: Combat Poverty Agency, 2008.

[88] UMEK L M, KRANJC S, BAJC U. The effect of preschool on children's school readiness [J]. Early child development and care, 2008, 178 (6): 569-588.

[89] CAMPBELL F A, RAMEY C T. Effects of early intervention on intellectual and academic achievement: a follow-up study of children from low-income families [J]. Child development, 1994, 65 (2): 684-698.

[90] BAKKEN L, BROWN N, DOWNING B. Early childhood education: the long-term benefits [J]. Journal of research in childhood education, 2017, 31 (2): 255-269.

[91] SCHWEINHART L J. Benefits, costs, and explanation of the high/scope Perry Preschool Program: Meeting of the Society for Research in Child Development, Tampa, Florida, 2003 [C]. Society for Research in Child Development, April 26, 2003.

[92] 侯莉敏, 韩笑, 周英. 百廿年我国学前教育机构发展的历程与展望 [J]. 学前教育研究, 2024 (8): 1-11.

[93] 王春燕. 中国学前课程百年发展、变革的历史与思考 [D]. 南京: 南京师范大学, 2003.

[94] 中国学前教育研究会. 百年中国幼教: 1903—2003 [M]. 北京:

教育科学出版社，2003．

[95] 喻本伐，郑刚．中国学前教育史料集成：卷一（蒙养院论集）[M]．北京：人民教育出版社，2022．

[96] 唐淑．中国学前教育史[M]．北京：人民教育出版社，2015．

[97] 郭云红．我国学前教育机构发展的历史逻辑[J]．教师教育论坛，2017，30（6）：44-47．

[98] 喻本伐，张汶军．中国学前教育史料集成：卷二（蒙养园论集）[M]．北京：人民教育出版社，2022．

[99] 李旭．幼儿园"生活"何谓？：杜威"教育即生活"的内涵特征、中国境遇及当代启示[J]．学前教育研究，2023（10）：1-13．

[100] 中国学前教育研究会．中华人民共和国幼儿教育重要文献汇编[M]．北京：北京师范大学出版社，1999．

[101] 郭念发，王录仓，常飞，等．基于社区生活圈的学前教育资源均等性评价及优化策略：以兰州市主城区为例[J]．经济地理，2024，44（9）：1-14．

[102] 洪秀敏，罗丽．公平视域下我国城乡学前教育发展差异分析[J]．教育学报，2012，8（5）：73-81．

[103] 宋映泉．调整目标 增加供给 建立机制 促进公平：关于建立成本分担机制促进学前教育健康发展的政策建议[R]．北京：北京大学中国教育财政科学研究所，2016．

[104] 林静．湖南省N县乡镇中心幼儿园建设现状研究[D]．长沙：湖南师范大学，2010．

[105] 李运余．论我国农村幼儿园的教育现状[J]．学理论，2011（32）：237．

[106] 刘占兰．农村贫困地区幼儿园教育质量现状与提升建议[J]．学前教育研究，2015（12）：13-21．

[107] 罗英智，李卓．当前农村学前教育发展问题及其应对策略

[J]．学前教育研究，2010（10）：9-12．

[108] 蔡迎旗，何婷婷．我国财政性学前教育经费投入的公平性分析[J]．教育导刊（下半月），2013（7）：8-11．

[109] 张朝，于宗富．农村学前教育的困境与出路[J]．教育发展研究，2009（24）：32-35．

[110] 刘霞．我国幼儿教师的人口学特征分析[J]．学前教育研究，2007（1）：35-38．

[111] 刘焱，潘月娟．《幼儿园教育环境质量评价量表》的特点、结构和信效度检验[J]．学前教育研究，2008（6）：60-64．

[112] 唐雅琳，王天仪，徐定德．农村学前教育服务质量现状、成因及对策：以四川省为例[J]．华中农业大学学报（社会科学版），2024（4）：166-177．

[113] 张赛阔．县域幼儿教育资源合理化配置的研究：以浙江A县为例[D]．华东师范大学，2008．

[114] 孙柳青，朱文娥．政策支持推进城乡幼教师资源合理配置[J]．基础教育研究，2010（1）：48-50．

[115] 吴琼．我国幼儿园师资保障质量评估与提升策略[J]．学前教育研究，2021（1）：57-66．

[116] 于冬青，高铭．我国农村幼儿园教师薪资待遇对比分析及政策审思：基于对12省份的调查[J]．中国教育学刊，2019（2）：22-28．

[117] 龚欣，李贞义．贫困地区农村学前教育的发展困境与突围策略：基于41所农村幼儿园的实证研究[J]．行政管理改革，2019（6）：28-34．

[118] 刘强，白鸽．乡村振兴战略背景下农村幼儿教师队伍质量研究[J]．教育理论与实践，2021，41（20）：24-28．

[119] 许文静．当前农村学前教育发展问题及其应对策略[J]．吉首大学学报（社会科学版），2019，40（S1）：267-269．

［120］方建华，马芮，蔡文伯．基于泰尔指数的县域内幼儿园教师资源配置分析［J］．学前教育研究，2021（2）：3-15．

［121］于冬青，梁红梅．中国农村幼教师资存在的主要问题及发展对策［J］．学前教育研究，2008（2）：13-16．

［122］王涛，刘善槐．农村幼儿园教师缘何缺乏地位认同？：基于10省22县（市）调查数据的实证分析［J］．学前教育研究，2024（4）：1-12．

［123］中国发展研究基金会．中国儿童发展报告2017［M］．北京：中国发展出版社，2017．

［124］洪秀敏，王梅．幼儿园教师待遇保障的逻辑遵循、困境检视与立法保障［J］．学前教育研究，2024（7）：1-10．

［125］庞丽娟，孙美红，王红蕾．建立我国面向贫困地区和弱势儿童的学前教育基本免费制度的思考与建议［J］．教育研究，2016，37（10）：32-39．

［126］柏檀，熊筱燕，王水娟．我国学前教育财政投入问题探析［J］．教育与经济，2012（1）：29-33．

［127］魏易，刘凯，康乐，等．中国家庭学前教育支出负担及其差异：基于中国教育财政家庭调查的实证研究［J］．北京大学教育评论，2023，21（4）：135-159．

［128］陈欢，王小英．英格兰高质量普惠性早期保育教育的发展及其对我国的启示［J］．学前教育研究，2019（3）：41-53．

［129］庞丽娟．发展普惠性婴幼儿托育教育服务体系［J］．教育研究，2021，42（3）：16-19．

［130］曾文静．国际儿童早期学习与发展的现状及影响因素：基于IELS研究报告的解析［J］．学前教育研究，2022（3）：30-42．

［131］蔡永辉．幼儿教师培训现状及对策思考：基于学前教育深化改革规范发展背景［J］．教育导刊（下半月），2019（1）：61-64．

［132］庞丽娟．加快推动我国学前教育优质普惠发展［J］．中国教育学刊，2024（4）：1．

［133］刘鸿昌，徐建平．从政府责任的视角看当前我国学前教育的公益性［J］．学前教育研究，2011（2）：3-7．

［134］宋占美，阮婷．美国处境不利儿童补偿教育政策及其对我国的启示［J］．学前教育研究，2012（4）：25-29．

［135］陈蓉晖，赖晓倩．优质均衡视域下农村学前教育资源配置效率及差异分析［J］．教育发展研究，2021，41（15）：23-33．

［136］何茜，罗平云．乡村振兴战略背景下民族地区学前教育发展的现实困境与消解路径：以贵州省S自治县为例［J］．贵州民族研究，2024，45（3）：144-149．

［137］曹信邦，童星．儿童养育成本社会化的理论逻辑与实现路径［J］．南京社会科学，2021（10）：75-82，135．

［138］郭曼曼，崔惠玉．财政促进共同富裕的内在逻辑、现实困境与选择路径［J］．地方财政研究，2024（1）：70-81．

［139］刘天子．信息不对称视角下的学前教育市场及其治理：基于阿克洛夫模型的推演［J］．教育科学，2017，33（6）：50-57．

［140］蔡秀云，其格乐，张停停．学前教育经费投入对人力资本的多维影响研究［J］．中国人口科学，2022（1）：85-98．

［141］邓莉，彭正梅．确保"起跑线"公平：基于OECD国家和中国的学前教育机会指标比较［J］．南京师大学报（社会科学版），2020（6）：62-74．

［142］柳倩，黄嘉琪．中国与OECD国家学前教育投入水平的比较研究［J］．教育经济评论，2019，4（3）：72-86．

［143］孙蔷蔷，郑孝玲．建设教育强国背景下学前教育发展国际比较研究［J］．比较教育研究，2024，46（6）：94-104．

［144］赵嘉茵，袁连生．2000年以来学前教育投入与成本分担的国际

趋势［J］．教育经济评论，2020，5（5）：53-66．

［145］刘霞．论我国学前教育财政投入体制的改革创新：基于广州市123所幼儿园政府财政投入的实证研究［J］．广东第二师范学院学报，2020，40（1）：25-35．

［146］郑琦，宋映泉，廖相伊．增加学前教育公共财政投入是否对民办幼儿园存在挤出效应？：基于2001—2015年省级面板数据的研究［J］．教育经济评论，2020，5（2）：91-116．

［147］张雪．学前教育普及化过程中供给方式的选择及影响：基于美国两州学前教育的比较研究［J］．学前教育研究，2019（6）：3-13．

［148］魏聪，王海英．我国学前教育成本分担现状与社会期望研究［J］．全球教育展望，2015，44（10）：67-83．

［149］赵嘉茵，田志磊，袁连生．我国家庭学前教育成本分担水平的地区差异及原因［J］．北京师范大学学报（社会科学版），2022（3）：128-139．

［150］张雪．学前教育财政体制改革政策效果评估：基于地方政府学前教育成本分担的视角［J］．教育发展研究，2016，36（24）：29-36．

［151］王娅，宋映泉．"幼有所育"中政府普惠性投入的必然性：来自六省县级面板数据的历史证据［J］．学前教育研究，2019（6）：14-24．

［152］宋臣．公共财政视角下中国学前教育财政制度重构研究：评《中国学前教育财政制度研究》［J］．江西财经大学学报，2023（6）：2-153．

［153］王水娟，柏檀．学前教育财政投入的效率问题与政府责任［J］．教育与经济，2012（3）：4-8．

［154］王海英．学前教育不公平的社会表现、产生机制及其解决的可能途径［J］．学前教育研究，2011（8）：10-16．

［155］王传毅，辜刘建，李福林，等．中国"十四五"教育规模的预

测研究：基于系统动力学模型［J］．中国电化教育，2021（5）：39-48.

［156］马林琳，姚继军．公办普通高中生均经费充足标准的测算：以南京市为例［J］．教育与经济，2018（1）：74-79.

［157］庞丽娟．我国学前公共财政投入政策的突破创新及未来展望：基于生均财政拨款制度和生均补助制度的分析［J］．教育与经济，2022，38（3）：3-8.

［158］王红蕾，庞丽娟，杨大伟．我国省级政府普惠性民办园财政补助政策的特点及问题分析［J］．教育经济评论，2023，8（6）：3-20.

［159］张琴秀，赵国栋，成颖丹．中部六省学前教育成本分担现状比较及政策建议［J］．教育财会研究，2019，30（5）：43-49.

［160］杨卫安，袁媛，岳丹丹．普惠性民办幼儿园财政补助的问题与改进：基于全国部分地区补助标准的考察［J］．教育与经济，2020，36（3）：50-57.

［161］宋映泉．不同类型幼儿园办学经费中地方政府分担比例及投入差异：基于3省25县的微观数据［J］．教育发展研究，2011，31（17）：15-23.

［162］洪秀敏，朱文婷，钟秉林．不同办园体制普惠性幼儿园教育质量的差异比较：兼论学前教育资源配置质量效益［J］．中国教育学刊，2019（8）：39-44.

［163］蔡文伯，韩璐．家庭社会经济地位与幼儿学习品质：有调节的中介效应模型［J］．教育学术月刊，2024（5）：87-97.

［164］吴愈晓．社会分层视野下的中国教育公平：宏观趋势与微观机制［J］．南京师大学报（社会科学版），2020（4）：18-35.

［165］徐雨虹，陈淑华．从公有学前教育资源占有者的构成看学前教育的公平性［J］．幼儿教育（教育科学版），2007（4）：22-24.

［166］RIALA K, ISOHANNI I, JOKELAINEN J, et al. The relationship between childhood family background and educational performance, with special

[167] GARNIER M A, RAFFALOVICH L E. The evolution of equality of educational opportunities in France [J]. Sociology of education, 1984, 57 (1): 1-11.

[168] 侯景怡, 张建平, 葛扬, 等. 家庭资本与教育投入对子代教育获得的影响研究 [J]. 高校教育管理, 2023, 17 (5): 110-124.

[169] 谢永飞, 杨菊华. 家庭资本与随迁子女教育机会: 三个教育阶段的比较分析 [J]. 教育与经济, 2016 (3): 75-82.

[170] BENNETT J. Early childhood services in OECD countries: review of the literature and current policy in the early childhood field [R]. Florence: UNICEF Innocenti Research Centre, 2008.

[171] GONG X, XU D, HAN W. Household income and preschool attendance in China [J]. Child development, 2015, 86 (1): 194-208.

[172] FULLER B, HOLLOWAY S D, LIANG X. Family selection of child-care centers: the influence of household support, ethnicity, and parental practices [J]. Child development, 1996, 67 (6): 3320-3337.

[173] CHISWICK B R, DEBBURMAN N. Pre-School enrollment: an analysis by immigrant generation [J]. Social science research, 2006, 35 (1): 60-87.

[174] 刘国艳, 陈圆圆, 陈玮玮. 教育公平视角下不同家庭背景幼儿教育机会获得研究: 基于深圳市的实证调查数据 [J]. 教育与经济, 2016 (5): 23-29.

[175] 王鹏程, 龚欣. 家庭文化资本对学前教育机会的影响: 基于CFPS数据的实证研究 [J]. 学前教育研究, 2020 (12): 43-54.

[176] 李春玲. 教育地位获得的性别差异: 家庭背景对男性和女性教育地位获得的影响 [J]. 妇女研究论丛, 2009 (1): 14-18.

[177] 刘爱玉，佟新．性别观念现状及其影响因素：基于第三期全国妇女地位调查［J］．中国社会科学，2014（2）：116-129.

[178] 邢芸，胡咏梅．流动儿童学前教育选择：家庭社会经济背景及迁移状况的影响［J］．教育与经济，2015，3：52-57.

[179] ROSENBAUM P, RUBIN D. Assessing sensitivity to an unobserved binary covariate in an observational study with binary outcome［J］. Journal of the royal statistical society：Series B（methodological），1983，45（2）：212-218.

[180] 王典，刘新学，徐国庆，等．学前教育经历对处境不利儿童长期发展的影响：基于CEPS数据的实证研究［J］．学前教育研究，2023（7）：25-40.

[181] 方超，黄斌．学前教育对青少年成就发展的影响：基于CEPS数据的实证研究［J］．教育学报，2020，16（1）：73-82.

[182] 袁玉芝，赵仪．学前教育对初中生认知能力的影响研究：基于CEPS数据的经验分析［J］．教育科学研究，2019（11）：43-50.

[183] 李贞义，雷万鹏．学前教育能助力处境不利学生成为抗逆学生吗？：来自CEPS基线数据的经验证据［J］．教育与经济，2022，38（5）：50-57.

[184] 张皓辰，秦雪征．父母的教养方式对青少年人力资本形成的影响［J］．财经研究，2019，45（2）：46-58.

[185] NELSON R. The impact of ready environments on achievement in kindergarten［J］. Journal of research in childhood education，2005，19（3）：215-221.

[186] 孙艳．5~6岁幼儿学习品质与家庭教养方式的相关研究［D］．陕西师范大学，2011.

[187] DE KRUIF R E L, MCWILLIAM R A, RIDLEY S M, et al. Classification of teachers' interaction behaviors in early childhood classrooms［J］. Early childhood research quarterly，2000，15（2）：247-268.

[188] FANTUZZO J, PERRY M A, MCDERMOTT P, et al. Preschool approaches to learning and their relationship to other relevant classroom competencies for low-income children [J]. School psychology quarterly, 2004, 19 (3): 212-230.

[189] 李玲, 蒋洋梅, 孙倩文. 新人力资本理论下学前教育经历对初中生能力发展的影响 [J]. 学前教育研究, 2020 (1): 64-75.

[190] PEISNER-FEINBERG E S, BURCHINAL M R, CLIFFORD R M, et al. The relation of preschool child-care quality to children's cognitive and social developmental trajectories through second grade [J]. Child development, 2001, 72 (5): 1534-1553.

[191] PEISNER-FEINBERG E S, BURCHINAL M R. Relations between preschool children's child-care experiences and concurrent development: the cost, quality, and outcomes study [J]. Merrill-Palmer quarterly, 1997, 43 (3): 451-477.

[192] FURRER C, SKINNER E. Sense of relatedness as a factor in children's academic engagement and performance [J]. Journal of educational psychology, 2003, 95 (1): 148.

[193] HOWES C, BURCHINAL M, PIANTA R, et al. Ready to learn? Children's pre-academic achievement in pre-kindergarten programs [J]. Early childhood research quarterly, 2008, 23 (1): 27-50.

[194] NICHD E C C R. Does amount of time spent in child care predict socioemotional adjustment during the transition to kindergarten? [J]. Child development, 2003, 74 (4): 976-1005.

[195] 李明. 家庭教育也需因材施教: 教养方式对儿童认知能力影响的群体异质性 [J]. 当代青年研究, 2022 (6): 67-77.

[196] BELSKY J, VANDELL D L, BURCHINAL M, et al. Are there long-term effects of early child care? [J]. Child development, 2007, 78 (2):

681-701.

[197] NICHD E C C R. Early child care and children's development in the primary grades: follow-up results from the NICHD study of early child care [J]. American educational research journal, 2005, 42（3）：537-570.

[198] PINTO A I, PESSANHA M, AGUIAR C. Effects of home environment and center-based child care quality on children's language, communication, and literacy outcomes [J]. Early childhood research quarterly, 2013, 28（1）：94-101.

[199] GLANVILLE J, WILDHAGEN T. School engagement and educational outcomes: toward a better understanding of the dynamic and multidimensional nature of this relationship: Annual Meeting of the American Sociological Association, Montréal, Canada, 2006 [C]. The American Sociological Association, August 11-14, 2006.

[200] 方光宝, 侯艺. 家庭社会经济地位如何影响初中生认知能力的发展 [J]. 全球教育展望, 2019, 48（9）：68-76.

[201] KAO G, TIENDA M. Educational aspirations of minority youth [J]. American journal of education, 1998, 106（3）：349-384.

[202] FAN W, WOLTERS C A. School motivation and high school dropout: the mediating role of educational expectation [J]. The British journal of educational psychology, 2014, 84（1）：22-39.

[203] MAU W. Educational planning and academic achievement of middle school students: a racial and cultural comparison [J]. Journal of counseling and development, 1995, 73（5）：518-526.

[204] 李汪洋. 教育期望、学习投入与学业成就 [J]. 中国青年研究, 2017（1）：23-31.

[205] WIGFIELD A, ECCLES J S. Expectancy-value theory of achievement motivation [J]. Contemporary educational psychology, 2000, 25

(1): 68-81.

[206] 方超, 黄斌. 非认知能力、家庭教育期望与子代学业成绩: 基于CEPS追踪数据的经验分析 [J]. 全球教育展望, 2019, 48 (1): 55-70.

[207] STRAND S, WINSTON J. Educational aspirations in inner city schools [J]. Educational studies, 2008, 34 (4): 226-249.

[208] ROTHON C, AREPHIN M, KLINEBERG E, et al. Structural and socio-psychological influences on adolescents' educational aspirations and subsequent academic achievement [J]. Social psychology of education, 2011, 14 (2): 209-231.

[209] 黄亮. 家长参与学校教育对初中学生认知能力表现影响的实证研究: 基于中国教育追踪调查基线数据的分析 [J]. 教育科学研究, 2016 (12): 53-59.

[210] TRUSTY J. Family influences on educational expectations of late adolescents [J]. The journal of educational research, 1998, 91 (5): 260-270.

[211] 温忠麟, 叶宝娟. 中介效应分析: 方法和模型发展 [J]. 心理科学进展, 2014, 22 (5): 731-745.

[212] 温忠麟, 张雷, 侯杰泰, 等. 中介效应检验程序及其应用 [J]. 心理学报, 2004, 36 (5): 614-620.

[213] 潘彬, 金雯雯. 货币政策对民间借贷利率的作用机制与实施效果 [J]. 经济研究, 2017, 52 (8): 78-93.

[214] 王艺芳. 我国普惠性学前教育公共服务发展水平的监测研究 [D]. 上海: 华东师范大学, 2021.

[215] 霍力岩, 孙蔷蔷, 龙正渝. 中国高质量学前教育指标体系建构研究 [J]. 华东师范大学学报 (教育科学版), 2022, 40 (1): 1-18.

[216] 刘鑫鑫, 姜勇. 我国普惠性学前教育公共服务质量评估研究: 以"柔性""绿色""软性"质量为核心指标 [J]. 全球教育展望, 2024, 53 (9): 51-65.

后 记

  本书是在笔者的博士后出站报告基础上修改完善而成的。该出站报告是在笔者的博士后导师——清华大学刘涛雄教授的悉心指导下完成的。从这份博士后出站报告的研究选题、框架设计、数据分析、报告写作到最终成稿，无不倾注着刘教授大量的心血和汗水，字里行间无不渗透着刘教授的辛劳和智慧。刘教授严谨的治学态度、深厚的学术造诣、敏锐的科研洞察力以及平易近人的人格魅力，令笔者受益终身。除科研工作外，刘教授还教给笔者为人处事的道理、应对困惑迷茫时的处变不惊以及面对人生时的自信与豁达。正所谓听君一席话，胜读十年书，笔者对刘教授的感激之情难以言表，谨以此书向恩师刘涛雄教授致以最真挚的谢意和祝福！

  感谢笔者的博士生导师林万龙教授。林教授既聪敏睿智、学识渊博、思维开阔，又踏实勤奋、坚定执着。回首过往，笔者从最初畏惧科研、质疑自己，到如今对学术充满热情、满怀憧憬，可以说每一步的成长都离不开林教授的精心指导、热心鼓励、理解包容。林教授不仅引领我们步入学术殿堂，更教会我们如何做人、做事、做学问。每当遇到挫折与困难之时，总会得到林教授的悉心安慰、鼓励、帮助。面对纷繁芜杂的社会，林老师总是教导我们不忘初心、坚持本真，不受外界的诱惑和困扰，沉淀自己，砥砺前行！未来的路漫长而无休，这份温暖将伴我同行，追求理想，乐享人生！与此同时，感谢林教授的夫人——笔者的师母张莉琴教授。张教授天资聪慧、治学严谨，对知识的探索精益求精，对科研的追求更是毫不松懈，感谢张教授在笔者科研道路上的大力支持和生活上的关心鼓励。

感谢一直指导、关心、鼓励、帮助笔者的肖庆文主任，每一次学术研讨、出差调研和日常交流，都令我获益匪浅。此外，还要感谢给我以宝贵成长机会的中国发展研究基金会的各位领导和同事们。在基金会的学习经历，激发了笔者对这一研究领域的研究兴趣以及持之以恒的坚守。特别感谢卢迈秘书长，他是值得我一生敬重、仰慕的学术前辈和人生导师，他对热点问题的独到见解、对儿童事业的热切关注以及他的谦逊品格和坚定信念，是激励笔者不懈奋斗的力量。还要感谢方晋秘书长、俞建拖副秘书长，二位前辈在多次的项目讨论和交流中对笔者的科研工作产生了极大的启发。

感谢首都经济贸易大学我最敬重的同事们。笔者在此从教5年来，得到了诸多资深前辈的指导和帮助，作为这个大家庭的一员，笔者倍感荣幸和骄傲。身边众多优秀、勤奋的同仁，是值得笔者一生敬重和学习的榜样。

感谢笔者的研究团队成员，他们是段歆玥、张家琪、武家慧、莫香琴、李坤、沈江波、陈昊康等。在本书的资料搜集、数据分析等各项工作中都离不开他们的大力支持。

感谢笔者的家人们。父母的支持和鼓励永远是我坚实的依靠！感谢你们无微不至的关心和理解，感谢你们帮我照顾孩子，使我得以顺利完成本书。感谢我的爱人，感谢你的包容、鼓励和对我科研工作的支持、帮助。感谢我的宝宝，你是我坚持努力的最大动力，也是我最珍爱的开心果！

在此，还要感谢给予本书大力支持的各个研究机构。本书是北京市教育科学规划青年专项课题"家园共育促进北京市学前教育质量提升的路径与策略研究"（课题批准号：AACA21125）的阶段性研究成果。为此，专程感谢北京市教育科学规划领导小组办公室的支持，并感谢北京市哲学社会科学CBD发展研究基地和首都经济贸易大学"市属高校分类发展——

京津冀协同发展与城市群系统演化的政产学研用平台构建"课题的资助。此外，还要特别感谢首都经济贸易大学出版社杨玲社长、编辑室彭芳主任及各位编辑老师，谢谢你们在本书编辑出版过程中的细致指导和辛苦付出。

未来在远方，对此笔者满怀憧憬，并将一如既往奋勇向前！